Le Livre de l'Harmonie

Introduction à la Kabbale

Ariel Toledano

« Il y a chez nous une tradition grande et merveilleuse. Je l'ai reçue de mon père, qui l'a reçue de son père et du père de son père et celui-ci la reçut à son tour... »
Moïse Maïmonide, *Épître au Yémen*

À mon père, Joseph Toledano, fils de Baruch (1898-1981), fils d'Abraham, fils de Samuel, fils de Jacob, fils de Baruch (1738-1817), fils de Jacob (1697-1771), fils de Moïse (1624-1723), fils de Baruch (1607-1685), fils de Joseph (1590-1670), fils de Daniel (1570-1640), fils de Joseph Toledano exilé de la ville de Tolède lors de l'expulsion des Juifs en 1492.

À Jérémy, Taly et Raphaël,
« Telle (koh) sera ta descendance. »
Genèse 15,5
« Koh Tévarékhou - Ainsi vous bénirez. »
Nombres 6,23
« Koh désigne le secret du Nom saint... c'est la voix d'accès à la prière où se trouve la bénédiction et où l'homme rencontre sa question. »
Zohar Béréchit 90b

Sommaire

« L'homme est un petit monde. »
Tikouné Zohar

« Le monde est globalement innocent. Autrement il disparaîtrait aussitôt. Considère que tout s'équilibre, pour lui, dans l'univers. Ton action personnelle peut infléchir son devenir. Mesure ta responsabilité pour savoir comment agir. »
Moïse Maïmonide

« Il lui fallait devenir un maître en l'art de dévoiler tout en voilant et de voiler tout en dévoilant. »
Léo Strauss à propos de Maïmonide, *La Persécution et l'Art d'écrire*

Introduction

« Lorsque tu vois une parole des Sages que la raison repousse, tiens bon, examine bien et sache que c'est une énigme ou une parabole. »
Moïse Maïmonide, *Introduction au chapitre Helèq*

L'idée de ce livre est née de la lecture du *Guide des Égarés* de Moïse Maïmonide dans lequel il exprimait le désir de rédiger un ouvrage qu'il intitulerait le *Livre de l'Harmonie.* Il souhaitait transmettre le sens profond de textes légendaires, les *Derachoth*[1], que l'on retrouve dans l'ensemble des traités talmudiques. Ces récits s'intègrent dans des discussions législatives strictes. Ils se conçoivent dans une temporalité où chaque instant n'est jamais vide de sens.

Chaque passage se fractionne en une multitude d'univers et d'expériences. Il forme une parabole oscillant entre science et poésie, morale ou philosophie qui procure une inépuisable matière à réflexion tout en suscitant de multiples interrogations quant à ses interprétations.

1. *Derachoth*, appelées aussi *Aggadoth* (pluriel de *Aggada*). *Derachoth* est le pluriel des mots *drash*, *dracha*, qui signifient *interprétation allégorique du texte.* Le Rabbin Israël Salzer explique que la *Aggada* signifie littéralement *ce qui se dit, ce qui se raconte.*

Maïmonide[2] renonce finalement à ce projet littéraire car il lui semble qu'en procédant lui-même par voie d'allégorie, c'est-à-dire en voilant ce qui doit rester caché, il ne se serait pas écarté de la raison première des *Derachoth*. Il explique que les récits homilétiques ne sont pas de simples digressions mais soulèvent des questions existentielles majeures qui sont le reflet de l'approche philosophique des rédacteurs du Talmud. Rachi, auquel j'ai consacré un ouvrage[3], a aussi inséré à plusieurs reprises ces textes homilétiques dans ses commentaires pour répondre à des questions théologiques primordiales.

Cette réflexion de Maïmonide a encouragé de nombreux auteurs médiévaux à s'intéresser à ces récits. En premier lieu, son traducteur, Samuel Ibn Tibbon[4], originaire de la ville de Lunel. Plus tard, le Maharal de Prague[5], au XVIe siècle, donnera aussi une analyse conceptuelle du langage midrashique dans l'ensemble de son œuvre. Il y décèle l'essence même de la philosophie juive.

---

2. *Guide des Égarés*, introduction, Verdier (traduction de l'arabe par Salomon Munk, p. 15).

3. Rachi correspond au sigle de Rabbi Salomon ben Isaac (1040-1105). Il est l'un des plus grands commentateurs de la Bible et du Talmud. Il vivait à Troyes, dans l'Aube. *La médecine de Rachi, Pour une approche humaniste du soin*, In Press, 2020.

4. Samuel Ibn Tibbon (1150-1132) a rédigé le *Sefer HaPéa* (*livre du coin*, en référence à cette loi juive qui vise à ne pas récolter un coin de son champ et de laisser cette part aux plus nécessiteux). Il est la première exégèse philosophique médiévale des *Aggadoth* du Talmud. D'autres auteurs de cette époque comme Rabbi Isaac ben Yedaiah au XIIIe siècle ont réalisé une étude sur ces textes homilétiques.

5. Rabbi Yehouda ben Betzalel Loew ou Maharal de Prague (1512-1609), surnom qui correspond à l'abréviation de *Morenou HaRav Loew*, notre enseignant, le rabbin Loew. Grand penseur du judaïsme, il laisse une œuvre originale sur le thème de l'exil et la vocation du peuple juif dont il commence la rédaction à un âge avancé (70 ans), estimant qu'il avait besoin d'étudier et d'avoir une certaine expérience avant d'envisager d'écrire. Sa longévité, traversant quasiment le XVIe siècle, lui permet de rédiger une œuvre considérable qui influencera la naissance du hassidisme au XVIIIe siècle. André Neher et Benjamin Gross ont contribué à faire connaître sa pensée en France.

Emmanuel Levinas[6], s'interrogeant à propos de ces textes, le formule ainsi : « La prétention de déchiffrer toutes les métaphores n'est-elle que création de métaphores dont la sagesse est déjà saisissable dans d'anciennes façons de parler ? » Il répond en expliquant que ces textes allégoriques correspondent au caractère propre du dire talmudique. Il y aurait selon lui une parole faite pour une permanente interrogation que l'on retrouve « dans ses raccourcis, dans le rebondissement imprévu de ses vocables, dans ses figures étrangères à toute rhétorique, dans ses apparences du coq-à-l'âne ». Il poursuit en affirmant que c'est dans le Talmud que se trouvent tous les nœuds de la pensée juive. La lecture des textes de la Bible se fait à travers quatre niveaux dénommés *Pardes*, « le verger » en hébreu, qui est l'acronyme de *pshat* ou sens littéral, *remez* ou sens allusif, de *drash* ou sens sollicité, et enfin *sod* ou sens caché. Le troisième niveau correspond à ces récits métaphoriques que l'on nomme lecture midrashique. Il s'agit d'un approfondissement des significations des récits bibliques mais qu'il ne faut appréhender qu'à travers la préfiguration de ce qui adviendra de l'identité future du peuple d'Israël. Cette approche part du principe édicté dans le Midrash Tanhouma[7] que tout ce qui est arrivé aux patriarches (*avot*) est un signe pour les fils (*banim*). L'objectif annoncé de ces récits allégoriques est de restituer la signification des événements vécus par les patriarches à travers le prisme de ce qui advient à la collectivité des enfants d'Israël.

---

6. Emmanuel Levinas, *À l'heure des nations*, Minuit, 1988.

7. Midrash Tanhouma 9 et cité par Nahmanide dans son commentaire de la Genèse 12,6 : *« kol ma sheira' laavot simane labanim ».*

Le Rabbin Léon Askénazi[8] développe cette idée en expliquant que la collectivité du peuple d'Israël est mise à l'épreuve au cours de son histoire afin d'aboutir à la révélation de son identité. À l'image des trois patriarches qui se succèdent dans l'histoire biblique pour aboutir à la transformation de Jacob en Israël. On constate que les différents exils mènent à la confirmation de l'identité d'Israël en tant que nation. L'exil égyptien est lié à l'histoire d'Abraham, celui de Babylone à Isaac puis celui de Rome est lié à Jacob. Il aura fallu attendre près de deux mille ans, la fin de l'exil de Rome pour voir la création de l'État d'Israël en 1948.

Maïmonide dévoile de son côté une partie du sens de ces récits dans le *Guide des Égarés*. Il explique qu'ils sont une des clefs de compréhension des paroles prophétiques. Il ne s'agit donc pas de poursuivre spécifiquement l'objectif éditorial de Maïmonide, mais de proposer une réflexion plus générale sur la place des récits dans la vie des hommes. Les textes qui fondent nos civilisations sont révélateurs d'une vérité essentielle qui vise une harmonie du monde. Cette idée s'inscrit dès l'origine de l'acte créatif. Il ne s'agit pas pour l'homme d'un simple idéal à atteindre, mais plutôt de l'accès à une sagesse qui vise à faire coïncider la réalité et la vérité, l'esprit et la lettre, la forme et le fond. Les textes du Midrash et de la Kabbale sont au centre de ce processus de la pensée qui élabore une réflexion sur l'homme et son rapport au monde. Le Midrash, à travers ses métaphores, et la Kabbale par le biais de combinaisons de lettres hébraïques et de chiffres amènent à cette approche dynamique des textes.

---

8. Léon Askénazi (1922-1996) est un rabbin, philosophe et kabbaliste connu sous le nom de Manitou. Il est l'un des principaux artisans du renouveau de la pensée juive en France au XXe siècle.

Ils établissent une correspondance entre la structure humaine et celle du monde afin de guider les hommes vers un bonheur d'être et une inébranlable espérance.

א

Chapitre 1
La lettre Aleph

« Tout vient de l'Un et retourne à l'Un. »
Doctrine kabbalistique

« Deux termes se rejoignent, soit deux points dont l'un est caché et dissimulé et dont l'autre se prête au dévoilement. Et comme il n'y a aucune séparation entre eux ils sont appelés réchit *(commencement), un et non deux. Saisir l'un, c'est saisir l'autre, ensemble ils sont un. Car Lui et son Nom sont un. »*
Zohar 7b

« Aleph, le lieu où se trouvent, sans se confondre, tous les lieux de l'univers, vus de tous les angles. »
Jorge Luis Borgès, *L'Aleph*

Retrouver l'unité originelle

« Au commencement (*Bé-réchit*), Dieu (*Élohim*) créa le ciel et la terre. » Telle est la traduction des sept mots[9] du verset par lequel commence le récit de la création dans le texte de la Genèse. Il évoque une création idéale, un monde apaisé dans lequel règne une harmonie entre le ciel et la terre. Si l'on poursuit la lecture, il est alors question au verset suivant, de désordre, de chaos, de ténèbres, de confusion. « Et la terre n'était que solitude et chaos (*tohou-bohou*) ; des ténèbres couvraient la face de l'abîme, et le souffle de Dieu (*Élohim*) planait à la surface des eaux. » Que s'est-il passé entre les deux versets ? Pourquoi le monde a-t-il basculé de l'harmonie vers le chaos ? À ces questions premières, les kabbalistes répondent en introduisant l'idée d'un incident : « la brisure des vases » (*shévirat kélim*), symbolisant la matière qui ne résiste pas à la puissance de l'énergie lumineuse créatrice (*or*[10]). Cette situation engendre une diminution de l'intensité par rétractation de la lumière qui permet à l'homme de la contempler[11]. Ce processus de rétractation de la lumière engendre deux situations différentes, une dans le sens du Créateur vers la création et l'autre dans le sens de la création vers le Créateur. Ce processus n'est pas le fruit du *hasard et de la nécessité*[12], il est le reflet d'une

9. Sept mots qui font un total de vingt-huit lettres comme une allusion aux sept jours du récit du commencement et à la puissance créative à travers le mot *koah* en hébreu dont la correspondance numérique est 28.

10. *Or*, qui signifie lumière en hébreu et dont la lettre initiale du mot est un *aleph*, symbolisant l'unité.

11. Selon la formulation de la prière instituée par les hommes de la *Grande Assemblée* : « Béni soit Dieu (YHVH) qui forme la lumière et crée l'obscurité, qui établit la paix et crée toutes choses, qui éclaire avec miséricorde la terre et ceux qui l'habitent ».

12. Allusion à Démocrite qui écrivait que « Tout ce qui existe dans l'univers est le fruit du hasard et de la nécessité » mise en exergue par le biologiste Jacques Monod.

volonté. La création n'existe pas pour elle-même mais pour rappeler l'émanation divine qui l'illumine[13] à l'image d'un rayon lumineux qui ne peut se dissocier de sa source émettrice. Toute la chaîne des existences est issue de la manifestation de cette volonté qui se révèle à travers les dix *séfiroth* pour retourner vers la source créatrice.

Nous détaillerons cette terminologie fondamentale de la Kabbale, mais il est nécessaire de rappeler que ce qui fonde la tradition juive est la notion de *Dieu Un* (*éhad*), source de tout qui s'exprime à travers le Nom divin ou Tétragramme (*YHVH*) formé des quatre lettres *youd - hé - vav - hé*. Ce Nom n'apparaît dans le texte biblique qu'à partir du verset 4 du chapitre 2 de la Genèse. Le récit de la création est celui d'*Élohim* qui est le reflet d'une force particulière de YHVH ou la part de divinité dans la nature qui s'exprime dans l'acte créatif. Mais il n'est pas question de dissocier YHVH de *Élohim*, *« YHVH hou HaÉlohim »* ainsi qu'il est mentionné de nombreuses fois dans la liturgie du jour de Kippour. Les noms ou les attributs divins malgré leurs apparences multiples ne font qu'exprimer l'unité et la totalité de toutes les forces particulières de YHVH. Il faut rajouter que le nom d'*Élohim* peut être synonyme dans le récit biblique de messager divin tel un ange (Genèse 32,31) ou évoquer un maître (Exode 7,1). Cette dernière idée relate l'extrême complexité des traductions des noms de Dieu dans le texte biblique. La Bible du rabbinat français a opté pour « l'Éternel » dans sa traduction de YHVH et pour « Dieu » à propos d'Élohim.

13. Cette idée est développée par Gershom Scholem dans l'ensemble de son œuvre.

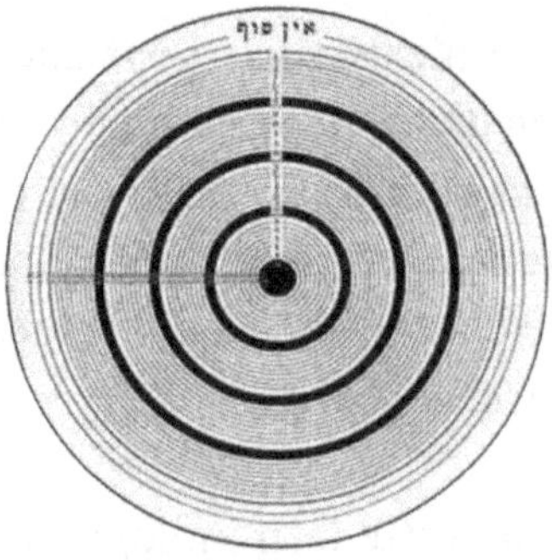

L'Être précède le néant

La néantisation de l'Être absolu est le préalable à l'acte créatif qui donne naissance à l'existence. Cette idée se retrouve dans toutes les formes de la création humaine où l'artiste doit rechercher au plus profond de lui-même une forme de néantisation de son être pour laisser éclore sa création. Tout part de l'être et non du néant à travers la dialectique de *yesh* (être) et de *ayin* (néant). Le processus cosmogonique a pour origine l'Être primordial qui se manifeste par une lumière dans l'existence. Un vide s'organise pour laisser place à la création. L'Être primordial accepte volontairement de ne plus remplir toute l'existence. Il se produit ce que les kabbalistes nomment *tsimtsoum*. Il s'agit d'un mouvement de rétractation de l'Absolu divin (*Havaya*) qui laisse place à l'existence (*métsiout*).

La Kabbale lourianique évoque deux *tsimtsoum* : le premier est une rétraction de l'Être absolu qui donne naissance à la nature, autrement dit l'être impersonnel, et le second est une contraction qui apporte la lumière pour faire exister la nature. Le premier *tsimtsoum* est un mouvement du centre vers la périphérie de la sphère et le second est le mouvement inverse, de la périphérie vers le centre. L'Être absolu s'extrait de sa volonté de recevoir pour que prédomine sa volonté de donner.

Le *tsimtsoum* symbolise la puissance (*guévoura*) dans la tradition de la Kabbale qui se définit comme la capacité de dominer ses propres forces pour laisser place à autrui[14]. Il s'agit de l'acte de générosité par excellence à travers le vocable hébraïque de *hessed* qui fonde l'existence. La création du monde est inscrite sur un mode cyclique qui lie un émetteur (*notene*) et un récepteur (*mékabel*). Cette lumière (*or*) se dirige vers des réceptacles (*kélim*). Le *or* donne existence au monde qui devient le *kéli*, le réceptacle mais aussi le reflet de la présence du créateur. L'Être absolu (*Havaya*) se différencie de la créature par l'union de deux façons d'être, celle qui se donne et celle qui se reçoit, et ces deux manières d'être sont impossibles à discerner.

Les quatre mondes de la Kabbale

Les kabbalistes vont jusqu'à faire la distinction entre le vide et le néant. Ils évoquent plusieurs types de vide : un espace disponible apparu après le *tsimtsoum* appelé *makom panouy* ; l'atmosphère vide, appelée *avir rékani*, et le vide absolu, nommé, halal, situé au centre de la sphère intitulée *nékouda emtsaït*. Le *tsimtsoum* est ainsi un mouvement de rétractation de ce point central vers la périphérie entraînant le vide absolu (*halal*) au centre de la sphère et laisse apparaître les quatre mondes décrits dans les écrits de la Kabbale. Ainsi, après le *tsimtsoum*, l'existence devient l'être dans le néant à travers quatre mondes qui déterminent différents niveaux d'existence. Le plus élevé des mondes est celui de l'émanation (*Olam Haatsilout*), qui se situe au niveau le plus proche de l'Infini divin, du *Ein sof*.

14. Principe que l'on retrouvera dans l'enseignement du *Traité des Pères* (IV-1). « Qui est puissant (*guibor*) ? Celui qui asservit son penchant (son *yetser*). » Il s'agit là de réprimer sa propre force pour laisser l'autre éclore.

Le monde suivant est celui de la création (*Olam Habria*), puis ensuite se situe le monde de la formation (*Olam Hayétsira*). Le monde le plus bas est celui de l'action (*Olam Haassiya*), de la matérialité, celui dans lequel on tente d'organiser sa vie. Ces quatre niveaux ne se conçoivent que dans le sens du Créateur vers la créature, mais ils ne s'envisagent pas dans la relation des hommes à l'Absolu au risque de sombrer dans une forme de paganisme.

Olam Haatsilout	י	Y	Vérité
Olam Habria	ה	H	
Olam Hayetsira	ו	V	Réalité
Olam Haassiya	ה	H	

Les *séfiroth* comme idéal de vie

La terminologie de *séfiroth* est le pluriel de *séfira* en hébreu, qui signifie nombre mais est traduit par sphère dans le sens de niveau d'émanation de la lumière infinie, ou *Ein Sof* dans l'esprit de la Kabbale. L'unité de l'Être antérieur, symbole de l'homogénéité par excellence, a pour conséquence la création d'une sphère lors de sa rétractation car ce processus se fait avec la même unité de grandeur dans toutes les directions. La sphère est en effet une construction géométrique dans laquelle tous les points sont situés à égale distance du centre. La *séfira* évoque aussi par homophonie le saphir comme l'idée d'une médiation à l'égard du rayon lumineux. Le Talmud rattache ce terme au décompte des jours et notamment de ceux qui séparent la fête de Pessah de la fête de Chavouoth, soit au total 49 (7×7) jours. Cette terminologie est également utilisée dans le décompte du nombre de jours au cours des périodes d'impureté rituelle décrites dans le Lévitique.

Dans la Kabbale, les *séfiroth* correspondent aux dix attributs de la volonté divine qui sont appréhendés comme des niveaux finis de l'émanation de l'Être. Au-dessus, il y a l'*Ein Sof*, Dieu infini, source d'une énergie et d'une volonté infinies. Le Rav Abraham Isaac Kook[15] compare les *séfiroth* à un idéal de vie pour l'homme.

Les dix séfiroth

Première séfira : *Keter* (couronne)

Deuxième séfira : *Hokhma* (sagesse)

Troisième séfira : *Bina* (intelligence, discernement)

Quatrième séfira : *Hessed* (générosité, amour, grâce)

Cinquième séfira : *Guevoura* (bravoure, vaillance, puissance, rigueur)

Sixième séfira : *Tifereth* (harmonie, vérité)

Septième séfira : *Netsah* (éternité, victoire)

Huitième séfira : *Hod* (splendeur, magnificence)

Neuvième séfira : *Yessod* (fondement, fécondité)

Dixième séfira : *Malkhouth* (royauté)

15. Rav Abraham Isaac Kook (1865-1935) est considéré comme l'un des penseurs juifs modernes les plus importants. Il est l'auteur de plusieurs ouvrages dont une série intitulée *Oroth*, très influencée par les écrits de la Kabbale.

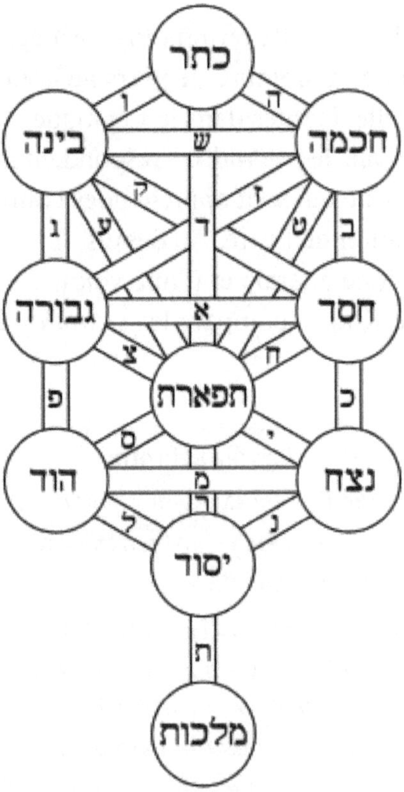

L'arbre séfirotique, au centre duquel se trouve la *séfira tifereth*

Le chiffre, le récit et le livre

Le terme *séfira* dérive de trois racines. Elles sont décrites dans le Livre de la Formation, le *Sefer Yétsira*. Il s'agit de *sefar* (*mispar*-chiffre, nombre), de *sipour* (récit-*saper*, raconter) et de (livre). Une des racines de *séfira* est le verbe *sfor* en hébreu qui signifie compter, ou encore délimiter. Dieu, désigné par *Élohim* dans le texte de la Genèse, crée le monde en définissant des limites stables représentant les lois de la nature qui assure le fonctionnement du monde. Il est la *cause première* du monde, mais il n'intervient pas dans le cycle naturel de son évolution selon Maïmonide.

Comment concilier cette conception avec l'expression retrouvée dans une prière juive qui formule l'idée que Dieu « renouvelle chaque jour constamment l'œuvre du commencement » ? Rabbi Haïm de Volozine[16] apporte un élément de réponse en précisant que Dieu désigné par *Élohim* donne naissance à la nature mais que les motivations qui inspirent l'œuvre du commencement évoluent au rythme des permutations des quatre lettres du Tétragramme. Il le formule de cette façon : « Ce renouvellement permanent s'effectue suivant les 1 080 associations du Nom divin selon la méthode de l'inversion des voyelles, suivant les 1 080 divisions de l'heure, et passe sans arrêt par d'autres combinaisons. C'est ainsi que la qualité du jour n'est pas semblable à celle de la nuit, et qu'un jour ne ressemble du tout au précédent, ni au suivant. » Dans la littérature rabbinique, une heure est considérée comme la 24e partie d'un jour moyen à l'image de la définition actuelle (1 heure égale 60 minutes), mais il existe également une subdivision de l'heure en 1 080 parties (*halakim*) qui se divisent chacune en 76 instants (*régaïm*).

16. Rabbi Haïm de Volozine (1759-1821) est un disciple du Gaon de Vilna. Il est l'auteur d'une œuvre magistrale intitulée *Nefesh - ha - Haïm (L'âme de vie)* qui ne fut publiée qu'à titre posthume conformément au vœu qu'il émit de son vivant.

Les *séfiroth* ou le moyen pour l'infini divin d'accéder au monde fini de l'homme

Les *séfiroth* sont le moyen pour l'infini divin de pénétrer dans le monde fini de l'homme. Chaque séfira se rattache à un des noms divins : *Keter* (*Éhyé*), *hokhma* (*Yah*), *bina* (YHVH ponctué avec les voyelles de *Élohim*), *hessed* (*Él*), *guevourah* (*Élohim*), *tifereth* (YHVH), *netsah* (YHVH *Tsévaot*), hod (*Élohim Tsévaot*), *yessod* (*Shadaï*), *malkhouth* (*Adonaï*, qui représente le *Shem Adnout*).

Le Rabbin Isaac Louria (1534-1572) appelé *Arizal*[17] est l'inspirateur d'une des plus importantes théories sur la Kabbale. Il a développé des concepts comme le *tsimtsoum* (rétractation), le *tikoun olam* (réparation du monde) ou encore la *shvirat kélim* (brisure des vases). Son principal disciple, le Rabbin Haïm Vital (1542-1620), a mis par écrit les enseignements de son maître dans plusieurs ouvrages dont le plus connu est le *Sefer Etz Hayyim* (Livre de l'Arbre de Vie).

Le Rabbin Isaac Louria explique que les trois *séfiroth* supérieures (*keter*, *hokhma*, et *bina*) ont supporté la lumière, mais les sept inférieures n'ont pas résisté à l'infini divin et ont provoqué la brisure des vases, dispersant ainsi 288 étincelles. Cette brisure s'est faite à partir de la quatrième *séfira hessed.* La présence d'étincelles dans le monde créé est garante de la réparation du monde. La correspondance numérique[18] du mot *rofé* (médecin) est 287 (*resh*-200, *vav*-6, *pé*-80, *aleph*-1),

17. Il s'agit de l'acrostiche d'une phrase qui signifie littéralement : « Notre rabbin Isaac au souvenir béni ».

18. Il s'agit d'un procédé d'exégèse appelé guématria qui permet d'établir une valeur numérique à chaque lettre de l'alphabet hébraïque. Il est très utilisé par les kabbalistes. Le *aleph* correspond donc à 1, le *beth* à 2, le *guimel* à 3, le *daleth* à 4, et ainsi de suite.

auquel on rajoute le chiffre 1 pour le mot lui-même, donnant 288, comme une allusion au rôle du médecin dans la réparation du monde (*tikoun olam*).

Tableau 1. La *guématria*

Nom	Valeur numérique	Lettre hébraïque
aleph	1	א
beth	2	ב
guimel	3	ג
daleth	4	ד
he	5	ה
vav	6	ו
zayin	7	ז
het	8	ח
tet	9	ט
yod	10	י
kaf	20	כ
lamed	30	ל
mem	40	מ
nun	50	נ
sameh	60	ס
ayin	70	ע
pe	80	פ
tsade	90	צ
qof	100	ק
resh	200	ר
shin	300	ש
tav	400	ת

Les trois premières *séfiroth* (*keter*, *hokhma* et *bina*) appelées *elyonoth* ou supérieures n'ont pas été brisées. Elles ne dépendent pas du comportement moral des hommes. *Keter*, la couronne, est la racine de toutes les valeurs. *Hokhma* (sagesse) et *bina* (intelligence) se distinguent par l'absence de responsabilité à l'égard du processus qui a engendré le chaos (*tohou*). Les sept inférieures (*hessed*, *guevourah*, *tifereth*, *netsah*, *hod*, *yessod*, *malkhouth*) sont celles qui sont reliées aux comportements moraux des créatures.

Quand les séfiroth sont unifiées et qu'elles supportent l'ensemble des valeurs individuelles, elles forment l'harmonie ou *tiféreth*, reflet de la splendeur de la vérité.

Pour le Rabbin Yéhouda Halévi Ashlag[19], il s'agirait d'un acte qui s'exerce au point le plus bas de l'émanation générale des *séfiroth*, que l'on appelle royauté (*malkhout*), qui refoule le rayon lumineux vers sa source, du bas vers le haut, pour atteindre la *séfira* qu'on appelle couronne (*keter*). La création à travers le mot *bara*[20] exprime l'idée d'une extériorisation, d'un éloignement de la chose créée. Il convient de rappeler que l'hébreu attribue à la création deux termes distincts, *bara* et *yatsar*, le premier que l'on traduit par créer et le second par former. L'acte créatif par excellence selon la kabbale est la formation sous le vocable de *yatsar*, qui implique l'idée d'une existence propre. C'est dans ce sens qu'il faut comprendre

---

19. Rav Yéhuda Halévi Ashlag (1885-1954), *Talmoud Esser Sephirot, Research Center of Kabbalah*, Jérusalem, 1978. Le Rav Ashlag est un des principaux maîtres de la Kabbale du xxe siècle, auteur d'une traduction commentée du Zohar intitulée le *Soulam*.

20. *Bara* en araméen ou en arabe exprime l'idée d'extérieur, de dehors.

les paroles du prophète Isaïe qui affirme que Dieu « forme la lumière et crée les ténèbres ».

La lumière est formée, et l'obscurité est créée car elle n'a pas d'existence propre. Elle représente la partie invisible de la lumière. Cette création à travers le vocable de *bara* implique le besoin intrinsèque d'un retour permanent vers l'infini représenté par la lettre aleph. Elle symbolise l'unité ou l'harmonie d'un monde qui ne peut se limiter à des lois physiques mais se rattache à la recherche d'une vérité qui l'anime. Elle représente aussi l'effort de réorganisation du chaos à travers le processus de réparation ou *tikoun olam* qui incombe à l'homme.

Séfiroth et sept personnages bibliques

Les différentes valeurs exprimées dans les sept *séfiroth* inférieures sont reconquises dans la perspective de l'unité à travers les 7 personnages bibliques suivants : Abraham, Isaac, Jacob, Moïse, Aaron, Joseph, et enfin David.

Les sept séfiroth inférieures

Quatrième *séfira* : *Hessed* – Abraham

Cinquième *séfira* : *Guevoura* – Isaac

Sixième *séfira* : *Tifereth* – Jacob

Septième *séfira* : *Netsah* – Moïse

Huitième *séfira* : *Hod* – Aaron

Neuvième *séfira* : *Yessod* – Joseph

Dixième *séfira* : *Malkhouth* – David

Chacun de ces personnages centraux de l'histoire d'Israël est défini par une vertu fondamentale des attributs de la relation entre le créateur et l'être créé. Les grandes modalités de l'absolu sont directement liées à l'histoire des hommes. Ainsi, chaque valeur qui définit ces sept personnages doit se concevoir dans une forme d'unité à travers la reconquête de ses valeurs perdues. Abraham représente la générosité, Isaac la bravoure, Jacob l'harmonie, Moïse l'éternité, Aaron la splendeur, Joseph le fondement et enfin David la royauté. Mais la particularité de la tradition juive est de réaliser l'unité de l'ensemble des valeurs de chacun des personnages.

L'identité humaine dans la tradition juive commence par un projet féminin

Cette approche tend à présenter un projet centré exclusivement sur la notion de patriarcat, mais il est bon de rappeler que l'identité humaine dans la tradition juive commence par un projet féminin même si l'histoire biblique reste principalement masculine. Cette idée se conçoit à travers la première occurrence du mot *isha* (femme) qui apparaît avant celui de l'homme dans le texte de la Torah. « Et l'homme (*HaAdam*) dit : "Cette fois, elle est un *etsem* (os ou essence) extrait de mes os et une chair (*bassar*) de ma chair ; celle-ci sera nommée *isha*, parce qu'elle a été prise de *ish*" » (Genèse 2,23). Le texte de la Bible évoque la création (*bria*) d'un homme primordial androgyne (*HaAdam*), masculin et féminin, avec deux visages (*partsoufim*) et deux corps reliés dos à dos. Cette image représente ce que les kabbalistes appellent le secret du mur formé de deux faces qui ne sont pas en mesure de se connaître sans un changement de configuration. L'acte de formation (*yétsira*) originelle de l'homme (*ish*) et de la femme (*isha*) à travers la séparation des deux côtés (*tséla*) va permettre cette rencontre en les mettant l'un en face de l'autre. On pense à Martin Buber qui écrivait que toute vie authentique est rencontre.

L'histoire humaine peut commencer avec un principe d'individuation, celui de la singularité de chaque être créé qui s'instaure à travers la création de la femme. Le profil de l'identité féminine (*nékéva*) est celui de *néfesh* (esprit) qui individualise l'hérédité à travers la naissance. L'identité masculine (*zakhar*), quant à elle, est associée à la formulation de *etsem,* qui signifie l'essence de l'histoire humaine, qui s'illustre autour des sept personnages bibliques précédemment décrits. La rencontre se conçoit comme une quête de sens, qui amène chaque individu à rechercher cc qui lui manque dans son existence, le *néfesh* pour l'homme et le *etsem* pour la femme. On retrouve cette idée à travers la représentation de la *séfira bina* évoquant la mère et la *séfira hokhma* qui symbolise le père.

Il existe une analogie entre les mots en hébreu *adam* (homme générique) et *emeth* (vérité) qui commencent tous deux par la lettre *aleph*. Si l'on retire cette première lettre, l'aleph, l'unité initiale de l'homme (*adam*), il reste le mot *dam*, le sang, la corporéité et, si l'on retire l'aleph du mot *emeth*, il reste *meth* qui signifie la mort. Les lettres finales (*safé tevot*) des trois premiers mots de la Torah forment le mot *emeth* (vérité) comme la trace d'une vérité qui s'inscrit dès l'œuvre du commencement.

On retrouve de nouveau cette empreinte de la vérité à la fin du récit de la création où les lettres finales des trois derniers mots (Genèse 2,3) forment également *emeth*. Ce mot se compose de trois lettres, *aleph*, *mem*, *tav*, qui sont respectivement la première de l'alphabet, celle du milieu puis la dernière. La lettre *aleph* inscrit la vérité dans le récit du commencement, puis la lettre *mem* l'installe dans la réalité (*métsiout*) du monde et s'achève dans la totalisation du projet de vérité à travers la lettre *tav*.

La première occurrence du mot *emeth* dans la Torah apparaît dans la Genèse 21,12 où l'on décrit la demande du serviteur d'Abraham pour qu'il soit guidé vers le chemin de la vérité en quête d'une épouse pour Isaac. Les engendrements (*toledot*) d'Abraham s'inscrivent dans le sceau (*hotemo*) de la vérité, dans le sens du projet du récit biblique. Les trois lettres de *emeth* forment les initiales de trois livres de la Bible (Job-*Iyov*, les Proverbes-*Mishlé*, et les Psaumes-*Téhilim*) porteurs d'une vérité profonde selon la tradition kabbaliste.

Le besoin de spiritualité est essentiel dans une vie, c'est d'ailleurs l'idée centrale du shabbat dans la tradition juive, celui de la sanctification du septième jour, temps au cours duquel l'empreinte de l'Absolu se dévoile, à l'image de *l'aleph* (א) qui se décompose en 3 lettres[21], un *vav* (ו) et deux *youd* (י), dont la valeur numérique correspond à 6 et 20 (soit 2×10) pour donner le chiffre 26, guématria[22] du Tétragramme divin (*youd*-10 + *hé*-5 + *vav*-6 + *hé*-5 = 26). La lettre *aleph* est l'initiale du mot *or*, la lumière, une manière de suggérer qu'elle est le chemin qui mène à la vérité. *Aleph* est aussi l'initiale de *adam* (homme) dont l'anagramme est *méod*[23] (beaucoup), rappelant que l'homme dispose d'une infinie possibilité de devenir, ce qui doit l'encourager à toujours espérer.

---

21. La lettre *aleph* est formée d'une barre oblique au centre qui correspond à la lettre *vav* et de deux petits crochets au-dessus et en-dessous qui évoquent un *youd* à l'endroit et un *youd* à l'envers.

22. La lettre *vav* correspond à 6 et la lettre *youd* à 10, ce qui permet de totaliser le chiffre 26 en décomposant le *aleph* en un *vav* et deux *youd*.

23. Genèse Rabba 9,12.

Circulation entre connaissances d'en haut et d'en bas

L'unité divine du monde désigne selon la formulation de Charles Mopsik[24] « le résultat en devenir incessant de l'existentiation de l'Origine ou de l'Un primordial ». La notion de *Dieu Un* est l'acte de foi par excellence. On ne peut en effet concilier l'attribut de rigueur avec celui de miséricorde dans l'esprit humain. Les deux noms divins que l'on retrouve dans le récit de la création font référence à ce couple d'apparence antinomique, *Élohim* renvoyant à l'attribut de rigueur (*midat hadin*) et YHVH à l'attribut de *hessed*, de générosité, d'amour. Les écrits de la Kabbale sont le reflet de cette construction intellectuelle. Les fragments 108, 109 et 120 du Bahir[25] explicitent cette parfaite organisation de l'unité dans la connaissance. Ils font le lien avec les trois verbes qui introduisent les versets 19, 20 et 21 du chapitre 14 de l'Exode qui évoquent la sortie d'Égypte et la confrontation avec l'armée de Pharaon essayant de rattraper les Hébreux arrivés au bord de la mer des joncs. *Vayissa* (*marchait* - en rapport avec le messager d'Élohim), *Vayavo* (*vint* - en rapport avec la colonne nébuleuse *amoud ehanan* qui passa à l'arrière) et *Vayet* (*étendit,* en lien avec Moïse qui étendit sa main pour diviser la mer). Trois mots qui expriment la présence protectrice du *Shem Hameforash*, terme employé par les rabbins du Talmud pour désigner le nom caché de Dieu.

Ce terme est repris par Maïmonide qui s'en sert pour nommer le Tétragramme, ou encore par des kabbalistes chez

24. Charles Mopsik (1956-2003) est une des figures majeures contemporaines de l'étude de la Kabbale en France, notamment comme traducteur, historien ou encore en tant que chercheur. Il traduit de nombreux textes du Zohar, le Livre de Henoch, et des auteurs comme Moïse Cordovero ou encore Moïse de Leon.

25. Le Bahir, *Livre de la clarté*, traduit de l'hébreu et de l'araméen par Joseph Gottfarstein, Verdier, 1983.

lesquels on trouve différentes variantes sur le nombre de lettres qui le composent (22, 42 ou 72 lettres).

Selon Gershom Scholem, le participe passif *meforash* a fait l'objet de beaucoup de commentaires, qui conduisent à des interprétations opposées. « Il peut signifier "révélé", "prononcé" ou "expliqué directement, expressément" ; mais, avec le temps, il a été de plus en plus souvent interprété comme "occulte", "secret", "soustrait à toute explication", y compris dans certains textes du Talmud ou du Midrash. » Dans la Bible, le nom de Dieu comme *Havaya* ou Être absolu est plus généralement inscrit sous le vocable de YHVH ou Tétragramme. Le Nom caché ou révélé exprime l'unité par excellence. Il remplit tout ce qui existe et s'harmonise autour des quatre mondes de la Kabbale. La brisure des vases a restructuré les rapports entre les mondes et l'agencement des *séfiroth*. Elles sont passées d'une structure en une seule ligne, une *séfira* au-dessus de l'autre, en une forme triaxiale qui devient celle du *tikoun*, de la réparation selon le lexique de la praxéologie de la Kabbale. Les trois axes permettent une interaction complexe entre toutes les *séfiroth* et leurs organisations en « figures » (*partsoufim*), ou droite et gauche, haut et bas sont en interaction dynamique.

Analogie des *séfiroth* avec le corps humain

Les *séfiroth* organisées en trois colonnes rappellent la structure du corps humain en trois axes (tête, tronc et membre) en référence à l'extrait du livre de Job 19,26 : « *mibessari a'ahzéh eloha*, à partir de ma chair je verrai la divinité ». Elles reproduisent cinq « figures », dites *partsoufim*, entretenant entre elles des relations parentales faisant écho aux engendrements (*toledot*). La figure du père (*aba*) est associée à la séfira *hokhmah* (sagesse), la mère (*ima*) à la séfira *bina* (intelligence), qui engendre le fils (*zéir hanepine*-petit visage) et la fille, associées à la figure du grand-père (*arikh hanepine*-grand visage). Les cinq *partsoufim* se retrouvent dans le Tétragramme en faisant intervenir le concept du *kotso shel yod* (crochet de la lettre *youd*) pour former cinq entités. *Kotso shel yod - arikh hanepine*-grand-père que l'on rattache à la *séfira keter*, *youd-aba*-père, *hé*-ima-mère, *vav* - fils, *zéir hanepine*, *hé* - fille évoquant la *shehina* que l'on rattache à la *séfira malkhout*. Ces figures font écho aux cinq niveaux de l'âme humaine (*nefesh*, *rouah*, *neshama*, *haya*, *yéhida*). La structure triaxiale des *séfiroth* est représentée par le kabbaliste Moïse Cordovero[26] à travers la lettre *aleph* qui se décompose en deux lettres *youd* et une lettre *vav* en transversal. On distingue au sommet, la couronne (*keter*), à droite la sagesse (*hokhma*) et à gauche l'intelligence. Sur la partie médiane, à droite, la générosité (*hessed*), au centre l'harmonie (*tifereth*) et à gauche la puissance (*guevoura*). Enfin, dans la partie inférieure, on retrouve à droite l'éternité (*netsah*) et à gauche la splendeur (*hod*), entre eux le fondement (*yessod*) et, au plus bas, on retrouve la royauté (*malkhout*). La lettre *aleph* évoque le corps de l'homme dont les extrémités latérales forment les dix doigts des mains et les dix orteils des pieds. Cette analogie avec l'anatomie humaine structure les dix émanations qui sont représentées par leurs initiales dans le corps de la lettre *aleph*.

Henri Atlan[27] rapporte que Moïse Cordovero s'interroge à propos des dix doigts. « Est-ce que nous comptons par 10 parce que nous avons 10 doigts ou bien, au contraire, avons-nous

26. Moïse Cordovero (1522-1570), appelé Ramac, est le fondateur d'une académie d'études sur la Kabbale à Safed. Il est l'auteur le plus fécond de la Kabbale. Son œuvre la plus célèbre est le *Pardès Rimonim* (*Le verger des grenades*) écrit en 1548. Il s'agit d'un monumental code sur la logique du Zohar organisé autour de 32 portiques.

27. Henri Atlan, *Les étincelles de hasard*, 2 tomes, Seuil, 1999 et 2003.

10 doigts parce qu'il y a 10 séfiroth ? » Atlan affirme que la formation des dix doigts des deux mains correspond à des propriétés de symétrie géométrique d'ordre 2 et 5. Il explique que tout découle d'une distinction binaire entre deux catégories initiales qui peuvent se retrouver dans la droite et la gauche, le masculin et le féminin, ou à travers les concepts de *hessed* (miséricorde) et de *guevoura* (rigueur).

La sagesse comme idéal de connaissance

Les schémas kabbalistes sont l'expression de différences de degrés, telles qu'une *séfira* peut être aussi bien un récepteur sous forme de *kéli* (réceptacle) et un émetteur d'une *or* (lumière) dont la fonction dépendra du sens de la circulation des connaissances, soit de haut en bas ou de bas en haut. La sagesse (*hokhma*) du côté droit est celle de l'amour, de la générosité qui part du haut vers le bas. Elle est le reflet d'un idéal de connaissance où la lumière se déverserait depuis sa source infinie jusqu'à une intelligence capable de la recevoir puis de la transmettre. Elle dicte la loi de l'universel tandis que la sagesse du côté gauche (*Bina*) risque d'être destructrice quand elle se trouve être au service d'intérêts particuliers modifiant son sens de circulation en la dirigeant vers le bas au lieu d'être dirigée vers le haut.

C'est cette orientation qui a constitué le piège dans lequel Adam est tombé, influencé par le serpent (*nahash*) et entraînant la faute originelle. Elle reflète cette ambivalence de la connaissance qui s'illustre dans la polysémie du langage mais que l'on retrouve aussi dans l'aspect dédoublé des arbres de la connaissance et de la vie. Les deux étaient placés au centre du jardin d'Éden et ne faisaient qu'un à l'origine : l'arbre de la connaissance qui peut être perçu à la fois comme conseil (*etsa*) ou nourriture (*ets lémaakhal*), et l'arbre de vie, qui représente la Torah, qui sera donnée à Moïse au Sinaï. L'ambivalence de la connaissance se retrouve à travers le double sens du mot *aroum* qui signifie nudité ou ruse à propos du serpent. Elle est le reflet de cette connaissance devenue relative à propos du bien et du mal et qui a remplacé la connaissance vraie après la faute d'Adam.

Maïmonide dans son *Guide des Égarés*[28] explique ce passage de la perfection initiale d'Adam, doté de notions intelligibles, lui permettant de distinguer le vrai du faux à celle de la connaissance relative qui s'applique aux opinions probables, et dont il ne soupçonnait même pas l'existence dans son état primitif. Après la faute, il est privé de la compréhension intellectuelle des choses intelligibles pour ne se limiter qu'à des notions subjectives qui le conduisent au doute, puis à l'indécision. La réparation n'est alors possible que par le biais de l'étude qui lui permettra de gravir les cinquante portes de l'intelligence (*bina*). L'homme qui s'adonne à l'étude des textes de la Torah est capable de mettre la sagesse du côté gauche au service du côté droit en l'orientant de bas en haut.

28. Première partie, chapitre 2.

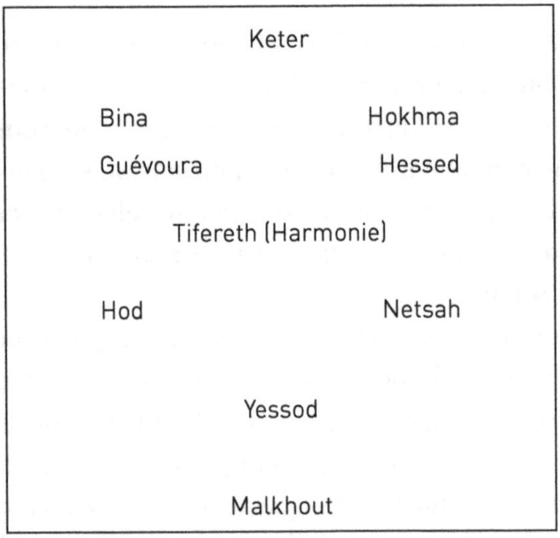

Représentation usuelle des dix *séfiroth*

Représentation des dix *séfiroth* selon le Arizal

---

29. *Daat* qui forme l'union de la *hokhma* et de la *bina*.

Emetteur et récepteur : quatre approches de l'existence

> *« Tant que le monde n'avait pas été créé, seuls étaient le Saint, béni soit-Il, et son Nom*[30]*. »*
> Pirkei de Rabbi Eliezer

La vie repose sur un processus cyclique entre un émetteur et un récepteur. Le corps humain est d'ailleurs le reflet de ce cycle centré autour de systèmes de communication qui permettent le maintien des fonctions vitales. Ces dernières années, de nombreux travaux de recherche ont contribué à mieux les appréhender à travers l'analyse de récepteurs biochimiques ou sensoriels qui permettent de réagir aux *stimuli* environnementaux.

La Kabbale utilise cette dialectique d'émetteur et de récepteur pour illustrer le processus de maturation et de développement cognitif chez l'enfant. Ainsi, au cours des premières années de vie, l'enfant n'est qu'un récepteur (*mékabel*). Cet état correspond au premier niveau d'évolution de l'enfant qui s'étend de la naissance jusqu'à l'âge de deux ans. Il n'est que réceptacle et dépend exclusivement de la source émettrice qui le nourrit. Il est certes doué d'empathie mais cela ne s'associe pas obligatoirement à un comportement altruiste qui l'amène à donner.

C'est à partir de l'âge de deux ans que l'enfant comprend progressivement que les besoins de son entourage peuvent se différencier des siens et qu'apparaît la volonté de donner (*notene*), mais cette attitude est conditionnée dans un premier

30. Rav Yéhuda Halevi Ashlag interprète le « Saint, béni soit-Il » comme la volonté de donner et le Nom comme celle de recevoir. Cette appellation de Dieu évoque également les notions de transcendance à travers la sainteté et d'immanence à travers la bénédiction. Elle est l'expression de l'unité de ces deux concepts.

temps par une contrepartie, celle de recevoir une récompense en échange. Ce second niveau s'étend jusqu'à l'adolescence où le comportement altruiste va fluctuer selon l'approche des neuropsychologues. Il est quasiment équivalent à celui d'un adulte à l'âge de six ans, mais il va décliner à partir de neuf ans et être au plus bas à l'âge de treize ans.

C'est donc progressivement que l'enfant apprend à donner avec la particularité que c'est justement à l'âge de la majorité religieuse dans la tradition juive que son comportement altruiste est au plus bas. L'adolescent reste capable de donner, mais cette aptitude se caractérise par une approche unidirectionnelle. Il ne recherche pas obligatoirement l'échange.

Ce troisième niveau se situe étonnamment au cours de la puberté, justement à l'âge où l'adolescent devient potentiellement capable de donner lui-même la vie. Cette observation amène à concevoir que ce troisième niveau ne peut être qu'une étape qui doit mener au quatrième niveau dans lequel s'organise la concrétisation de la potentialité du don de la vie à travers une relation d'échange. Ce dernier stade est le reflet de la prise de conscience du devoir fondamental de considérer que ce que l'on a reçu a pour vocation d'être transmis à son tour.

L'existence n'est possible qu'à travers la relation à autrui

La notion d'engendrement (*toledot*) rappelle l'idée que l'existence n'est possible qu'à travers la relation avec autrui, principe sur lequel repose le monde. Tel est le sens du mot *be-reshit* qui inaugure le texte de la Bible communément traduit par « au commencement », mais qui signifie aussi « premier » (*reshit*). Il n'est donc pas question de chronologie mais bien de l'esprit de partage sur lequel repose la démarche créatrice.

Le quatrième niveau est donc celui vers lequel on doit tendre, celui du sens à donner à sa vie où l'on reçoit en vue de donner, symbole de la transmission par excellence.

Les trois textes fondamentaux de la sagesse juive au centre de la transmission

À travers leurs appellations, la Torah, le Talmud et la Kabbale sont au centre du cycle de l'étude et de la transmission.

La Torah, dont la racine *horaa* signifie « enseignement » se dénomme également le *mikra* littéralement « lecture ». Une manière de rappeler que la Torah est une parole qui doit être lue à haute voix pour être entendue. Cette notion exprime le rôle fondamental de la lecture jusqu'à nommer le texte écrit lui-même « lecture ». Le terme qui exprime la notion d'« aller à la rencontre », *likrat,* vient de la racine du verbe « lire » (*likro*) en hébreu, allusion à la lecture comme lien entre les hommes. Emmanuel Levinas[31] exprime cette idée de rencontre où « l'apport de chacun et de chaque temps se confronte aux leçons de tous les autres et de tout le passé. D'où la référence continue des lectures à travers l'histoire allant d'élève à maître, d'où la discussion dans les assemblées entre collègues s'interpellant d'un siècle à l'autre, le tout s'incorporant comme tradition à l'écriture commentée et en appelant toujours à nouveau à une lecture et érudite et moderne ».

Le Talmud[32] considère qu'il suffit de 85 lettres pour former un livre. Il n'est nullement question dans cette défini-

31. Emmanuel Levinas, *L'au-delà du verset*, Minuit, 1982.

32. Traité Shabbat 115ab.

tion du contenu sémantique du texte du livre mais bien du nombre de lettres qui le composent. Ce nombre 85 renvoie au vocable hébreu de *Péh* (*pé-80* et *hé-5*) qui signifie bouche comme si le livre ne pouvait exister qu'à travers son infinie possibilité de pouvoir dire, d'être interprété. Le Talmud par sa racine hébraïque évoque la notion d'étude, et l'on peut noter qu'« apprendre » (*lilmod*) s'écrit avec les mêmes lettres qu'enseigner (*lélamed*).

Enfin, **la Kabbale** signifie recevoir. Ainsi, on définit quatre moments de l'activité intellectuelle qui mènent à la connaissance de Dieu selon Maïmonide et que l'on peut mettre en parallèle avec les quatre niveaux d'approche de l'existence.

Doit-on donner un ordre chronologique à ces quatre aspects de l'activité intellectuelle ? Peut-on faire (*naassé*) avant d'entendre (*vénishma*) ou apprendre avant de recevoir ? Il faut être prêt à recevoir et disposer à le faire, à l'image du peuple d'Israël qui s'est préparé à recevoir la Torah dans le désert. Mais il convient de recevoir la vie et les plaisirs qui y sont associés dans le but de donner, de transmettre. C'est tout le sens du premier enseignement du *Traité des Pères*[33] : « Moïse reçut la Torah (enseignement) du Sinaï et l'a transmise à Josué, et Josué aux Anciens, et les anciens aux prophètes, et les prophètes la transmirent aux hommes de la Grande Assemblée. »

Maïmonide poursuit en expliquant que les membres de la Grande Assemblée ont transmis la Torah aux gens de leur époque, puis les sages à leurs enfants, génération après génération. C'est par ces transmissions successives que se crée le

33. *Traité des Pères* 1-1.

cycle d'une vie méritante de l'héritage reçu. Moïse de Leon[34] décrit de manière poétique ce processus cyclique dans son ouvrage *La Rose du Témoignage* (*Shoshan Edout*) dans lequel il exprime l'idée que le témoin est dépositaire d'un enseignement ou d'un fait qu'il transmet à autrui. Chaque homme est ainsi constitué par ce qui lui est propre et par ce qu'il reçoit d'autrui, à l'image de l'arbre séfirotique où chaque *séfira* agit en tant que réceptrice et émettrice. Il n'y a pas de différence de nature entre le corporel et le mental dans les schémas des kabbalistes, mais seulement des différences de degrés, telle qu'une *séfira* est réceptrice (*kéli*) pour celle qui est au-dessus d'elle et aussi émettrice (*or*) pour celle qui est au-dessous, et celle qui est la plus inférieure. La dixième *séfira malkhout* est à la fois la plus matérielle et celle dans laquelle se reflète *keter*, la plus élevée, par l'intermédiaire de la *hokhma* ou sagesse.

Torah	**Talmud**	**Kabbale**
Mikra	*Lilemod-Lélamed*	*Lékabel*
Lecture	Apprendre/enseigner	Recevoir

La chaîne du savoir

Maître-élève-maître-élève-maître-élève-maître-élève-maître-élève-maître-élève-maître-élève-maître-élève-maître-élève

rav-talmid-rav-talmid-rav-talmid-rav-talmid-rav-talmid-rav-talmid-rav-talmid-rav-talmid-rav-talmid-rav-talmid

34. Moïse fils de Shem Tov de Leon (1240-1305), kabbaliste castillan et auteur de plusieurs ouvrages parmi lesquels *Le Sicle du sanctuaire* (*shekel Hakodesh*), *Le secret des doigts* (*Sod haetsbaot*), *La Rose du témoignage* (*Shoshan Edout*), *Le Livre de la grenade* (*Sefer Harimmon*). Son dernier ouvrage est *Mishkan Haédout,* traduit en français par Simon Bouskila sous le titre de *La Résidence du Témoignage*, paru aux éditions Hermann.

La faute originelle ou l'envie de n'être que réceptacle

Et si l'idée d'une société de consommation était le propre de l'homme depuis la nuit des temps ? Il faut de nouveau revenir au texte de la Genèse et au récit de la création du monde pour tenter de répondre à cette question.

Dieu crée le ciel et la terre le premier jour ; puis, le deuxième, il forme une séparation entre les eaux d'en haut et celles d'en bas, ce qui implique que la terre était entièrement submergée par les eaux. Au troisième jour, Dieu assigne des limites aux eaux de la terre permettant à la végétation de se développer. Mais il se produit alors une erreur de la terre qui ne réagit pas conformément à la parole divine. « Dieu (*Élohim*) dit : Que la terre fasse pousser de la végétation : de l'herbage donnant de la semence, des arbres-fruits (*ets péri*) produisant des fruits. » Dieu demande à la terre de produire des arbres-fruits dont le tronc et les branches ont le même goût que leurs fruits, mais la terre agit autrement en faisant éclore des arbres (*ets*) produisant des fruits. Rachi explique la réaction de la terre dans son commentaire en s'inspirant du Midrash (Béréchit Raba 5-9) : « La terre a désobéi, et elle a produit "des arbres faisant un fruit qui renferme sa semence" et non des "arbres-fruits". » C'est pourquoi, lorsqu'Adam a été puni pour sa faute, la terre aussi a été punie pour la sienne. Notons que la désobéissance de la terre n'est punie qu'à partir du moment où l'homme est jugé après la faute. Une manière de rappeler à l'homme sa destinée commune avec la nature, et le besoin vital pour lui de la préserver.

La singularité n'a de sens que dans une multiplicité interdépendante

Que s'est-il passé pour que la terre se comporte ainsi ? S'agit-il d'une faute volontaire ou involontaire ? Les commentateurs de la Bible sont partagés sur la réaction de la terre. Pour certains, la terre a totalement dévié ; pour d'autres, elle a appliqué partiellement la parole divine, c'est-à-dire qu'il y a eu tout de même un arbre qui a poussé en présentant les caractéristiques de l'arbre-fruit dans lequel le tronc avait gardé le goût du fruit. Cet arbre serait celui de la connaissance du bien et du mal, reflet d'une forme de continuité entre le tronc et le fruit qu'il génère. Cette continuité est le symbole de la transmission du savoir, qui est le reflet du sens conservé entre celui qui donne un enseignement et celui qui le reçoit.

Devant cette symbolique liée aux caractéristiques de cet arbre, on peine à saisir le sens de l'interdit de la consommation de son fruit. Est-ce qu'il n'est que la conséquence de la déviance de la terre, Dieu voulant conserver en l'état l'arbre qui est le symbole de son programme initial, afin qu'il soit l'exemple à suivre pour les hommes ? Il est clair que l'interdiction de consommer le fruit de l'arbre de la connaissance ne peut en aucune manière être perçue comme une restriction vers l'accès à la connaissance qui reste l'objectif que l'on doit assigner à sa vie dans la tradition juive. L'homme en effet aurait pu se contenter d'admirer l'arbre sans séparer le fruit du tronc qui lui a donné naissance. Plutôt que d'accroître le désir d'appropriation, l'homme doit au contraire se sentir vecteur d'un savoir à transmettre. Il ne peut envisager d'être un consommateur exclusif ou un simple réceptacle, mais le maillon d'une chaîne qui ambitionne de manière collective d'accéder à la connaissance. La singularité n'a de sens que dans une multiplicité interdépendante.

Aujourd'hui, la situation est telle que les valeurs sont inversées, la technologie n'est plus au service de la connaissance mais c'est la connaissance qui est au service de la technologie. C'est justement ce que dénonce Henry Kissinger dans un article publié dans *The Atlantic Magazine*[35] en juin 2018 où il explique qu'avant la technologie était au service de la connaissance, mais qu'aujourd'hui on crée de la technologie puis on recherche une philosophie qui s'en dégage. En choisissant de consommer le fruit, Adam a fait preuve d'impatience. Il n'a pas pris le temps de la réflexion, de l'étude. Cet empressement l'amène à délaisser la réalité globale de l'arbre pour n'assouvir que l'idée de possession plutôt qu'une quête de sens. La société de consommation actuelle est à l'image de cette erreur d'appréciation originelle, mais la grandeur de l'homme réside dans sa capacité à réparer le monde sans pour autant se l'approprier. Être plutôt qu'avoir, voilà l'enseignement de l'arbre-fruit.

35. Henry A. Kissinger. *How the Enlightenment Ends Philosophically, intellectually–in every way–human society is unprepared for the rise of artificial intelligence, The Atlantic Magazine*, juin 2018.

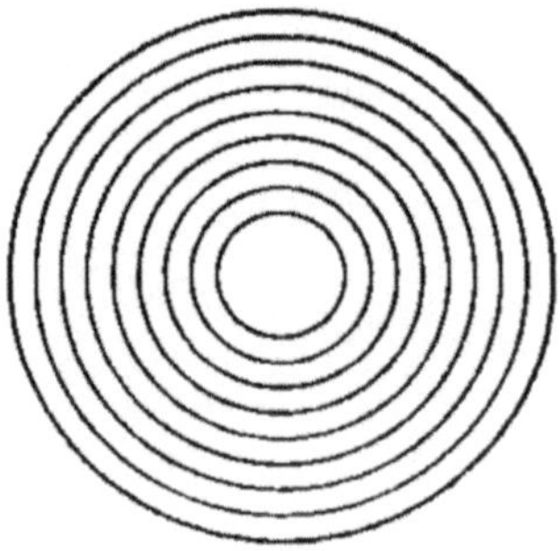

Chapitre 2

Harmonie du ciel et de la terre

« Tout illumine. »
Zohar III, 168a

« Quand le souffle de tous les souffles fait s'élever la douceur de l'âme, d'où surgit la voix des voix, les puissances se dispersent aux quatre coins du monde :

- *Une monte vers un côté.*
- *Une descend vers ce côté.*
- *Une pénètre entre les deux.*
- *Deux se couronnent avec trois.*
- *Trois entrent dans une.*
- *Une émet des couleurs.*
- *Six d'entre elles vers un côté, et six autres descendent vers ce même côté.*
- *Six entrent dans douze.*
- *Douze s'éveillent dans vingt-deux.*
- *Six sont intégrées dans dix.*
- *Dix tiennent dans Une. »*

Zohar 77a

L'œuvre du commencement

« Au commencement, Dieu (*Élohim*) créa le ciel et la terre. » La tradition juive conçoit l'origine du monde à travers une unité organisée, mais un accident se produit très vite et fait place au chaos (*tohou*) tel que nous l'avons déjà décrit à travers la brisure des vases. Dans la tradition juive, l'ordre a donc préexisté à la naissance du monde, contrairement à la vision inspirée de la mythologie grecque qui attribue l'origine du monde au chaos. L'harmonie du ciel et de la terre est une façon de renouer avec l'unité originelle à travers le processus de réparation (*tikoun*) qui débute dès le troisième jour.

L'homme, dès sa formation, devient le partenaire de Dieu dans l'œuvre créatrice et doit conduire le monde vers la voie de la perfection. Le texte du Pentateuque évoque le cheminement de l'homme pour le mener vers la réalisation de la parole divine citée dans la Genèse (1,28) : « Remplissez le monde et dominez-le », comme un encouragement à améliorer l'état du monde en développant l'agriculture, l'édification de villes, l'organisation de la société autour de valeurs justes. L'homme est associé de manière active et dans une totale liberté dans chaque désir divin. Il n'est nullement question d'en faire un individu « réceptacle », mais bien de l'encourager dans une démarche dynamique. Quand Dieu demande à Noé de construire l'arche, il lui indique les dimensions qu'elle doit faire mais lui laisse le soin de la confectionner. C'est aussi le cas pour la construction du tabernacle ou du Temple de Jérusalem. Il n'est pas question d'attendre que la Providence s'en charge mais bel et bien d'agir pour améliorer la création.

Emmanuel Levinas perçoit à travers cette approche une réflexion sur l'humilité de Dieu, l'idée de kénose d'un Dieu qui accepte de créer un monde imparfait pour laisser le soin à l'homme de le réparer. Cette conception, une fois encore, est éloignée de la pensée grecque qui n'envisage pas la possibilité pour l'homme de créer naturellement. Le mythe de Prométhée qui a dérobé le feu sacré de l'Olympe pour le donner aux humains en est une parfaite illustration. Les Grecs ne pouvaient concevoir que le feu, élément primordial de la création, ne soit transmis naturellement aux hommes. Ils ont dû adopter l'idée qu'il a été subtilisé à l'insu de leurs dieux. La tradition juive évoque, au contraire, la matérialisation du feu à l'issue du septième jour. Dieu allant jusqu'à apprendre au premier homme, la manière de le fabriquer selon le Midrash.

Le monde repose sur l'unification des valeurs de justice, de vérité et de paix

S'interroger sur l'existence du monde est l'une des grandes perplexités de la pensée talmudique. Quelles conditions le monde doit-il remplir pour pouvoir exister ? Il faut qu'il repose sur des valeurs justes. Or, la réalité est bien loin de cette utopie originelle. Cette différence s'explique par le fait que le projet du commencement tel qu'il est voulu par l'Absolu ne s'est pas concrétisé dans sa forme originelle mais en se rétractant par le procédé *tsimtsoum*. Le monde est ainsi créé dans une forme d'imperfection qu'il convient à l'homme de réparer pour atteindre un état conforme au projet initial. Ce processus permet à la vérité d'émerger pour devenir une réalité.

On peut lire au début du premier chapitre du *Traité des Pères* (1,2) sous les propos de Simon le juste (*Shimon Hatsadik*) que le monde tient (*omed*) sur la Torah, sur le service au Temple (*avoda*) et sur la pure générosité (*gumilout hasssadim*).

Le fondement de ces trois piliers est qu'ils ne peuvent être dissociés et doivent être considérés exclusivement dans une approche unifiée.

Maïmonide commente ce passage en précisant que la sagesse est appelée ici Torah. Il poursuit en expliquant que le service au Temple correspond aux commandements[36] de la Torah et que l'acquisition de la vertu est la manifestation de la pure générosité. Ces trois principes unifiés poursuivent l'achèvement du monde et la mise en ordre de sa réalité de la manière la plus parfaite.

Rabban Shimon ben Gamliel conclut le premier chapitre de ce traité (1,18) en expliquant que le monde ne se réalise (*kiyem*) que sur trois choses : la justice (*din*), la vérité (*emeth*) et la paix (*shalom*) comme il est écrit dans le livre de Zacharie : « vérité et sentence de paix, tels doivent être vos jugements entre vos portes[37] ». La transfiguration des trois principes énoncés au début du chapitre permettra au monde de revêtir une préfiguration du monde à venir (*olam haba*). Ainsi, la Torah devient vérité (*emeth*), le service au temple (*avoda*), la justice (*din*), et la pure générosité (*gumilout hassadim*), la paix (*shalom*). Maïmonide considère la vérité comme une vertu intellectuelle, la paix comme une option morale et il affirme que la société ne peut réellement fonctionner que sur la base de la justice. Lorsque ces trois élévations sont atteintes, l'existence devient alors harmonieuse.

---

36. Il y a 613 *mitsvoth* ou commandements qui se décomposent en 248 positifs et 365 négatifs.

37. Zacharie 8,16 : « *Emeth oumishpat shalom shifetou bisharekhem* ».

L'unité comme promesse de longévité

La profession de foi de la tradition juive est celle de l'affirmation de l'unité de YHVH à travers une prière intitulée *shéma*, qui signifie « écoute » et dont la première phrase correspond au verset 4 du chapitre 6 du Deutéronome : « Écoute, Israël : YHVH est notre Dieu, YHVH est un ». La dernière lettre du premier du mot de ce verset, le *aïn* et la dernière lettre du dernier mot du verset, le *daleth*, forment le mot *ed* qui signifie « témoin ».

Ce texte est composé de trois passages extraits du Deutéronome 6, 4-9 ; puis du chapitre 11, 13-21, et enfin des Nombres 15, 37-41 dont l'ordre de lecture doit être scrupuleusement respecté. Il s'agit d'un rite de témoignage de la foi du peuple d'Israël dans l'idée du *Dieu Un* (YHVH *éhad*). Elle implique l'idée d'un Dieu unique (*yahid*) comme l'explique Rachi dans son commentaire du verset : « YHVH qui est notre Dieu maintenant, mais pas le Dieu des nations, Il est destiné à devenir *Dieu Un* ». Il va donner deux sources scripturaires pour expliciter son commentaire : un extrait de Sophonie 3,9, « car alors je changerai les peuples pour qu'ils adoptent un langage clair et qu'ils proclament tous le Nom Un » et Zacharie 14,9 « En ce jour, Dieu sera Un et son Nom sera Un ».

Mais la notion du *Dieu Un* recouvre aussi celle de l'unité de Dieu à travers l'unité des attributs tels qu'ils sont répertoriés dans les textes de la Kabbale. Ils sont exclusifs voire antinomiques les uns avec les autres, mais ils forment une unité des valeurs. C'est un acte de foi qui est exprimé dans la phrase inaugurale du *shéma*. Il s'inscrit à l'encontre de l'apparente représentation du monde qui renvoie à la multiplicité. Le *shéma* est une exhortation faite au peuple d'Israël qu'il ne doit pas se fier à ce qu'il voit ou interprète : « Ne vous égarez pas à la suite de votre cœur et de vos yeux. » Il s'agit d'une expérience de foi authentique qui n'est ni liée à la raison (le cœur) ni à l'appréciation objective (les yeux). Les temps de lecture du *shéma* constituent un rappel à l'unité malgré cette apparente dualité du monde. La lecture du soir est fixée à partir du coucher du soleil, et celle du matin, est définie à partir de l'aube. Il s'agit d'un entre-deux temps, celui du passage du jour à la nuit ou celui de la nuit au jour.

Le Talmud Bérakhoth[38] va jusqu'à préciser que la façon de prononcer le mot *éhad* au cours de la lecture du *shéma* est un moyen d'accroître *les jours et les années de vie*. Ce mot est composé de trois lettres, *aleph*, *heth*, *daleth*. La correspondance numérique de ces trois lettres correspond à 13[39]. La manière de prononcer *éhad* fait écho à l'unique souverain du monde à travers l'*aleph*-1, qui règne sur le ciel et la terre, *heth*-8 faisant allusion aux sept firmaments et à la terre et sur les quatre (*daleth*-4), coins cardinaux, allusion également aux quatre mondes de la Kabbale. Il s'agit donc de rallonger la prononciation de *éhad* en insistant sur la lettre *daleth* sans avaler la lettre *heth*. Une manière d'insister sur la lumière (*or*) qui structure le monde à travers le *daleth* sans négliger celle qui anime le monde à travers le *heth* en ayant conscience qu'il s'agit de la même lumière qui a pour origine l'unique souverain du monde représenté par le *aleph*. Ce procédé de lecture évoque les notions de transcendance et d'immanence qui ne font qu'une même si l'on doit mettre l'accent sur la transcen-

38. Traité Bérakhoth 13b.

39. Les trois lettres du mot *éhad* sont *aleph*, *heth*, et *daleth*. Le *aleph* correspond au 1, le *heth* à 8 et le *daleth* à 4, ce qui totalise le nombre 13.

dance dans la tradition talmudique. Cette dernière est perçue comme une souveraineté inaccessible tandis que l'immanence évoque celle d'une proximité.

La tradition rabbinique rattache la sainteté (*kadosh*) à la transcendance et la bénédiction (*baroukh*) à l'immanence, mais c'est deux notions sont une. Le vocable hébraïque de *kadosh* peut être traduit en français par « saint » ou « sacré ». Ces termes sont synonymes à mon sens comme le laisse entendre la dénomination unique de la langue hébraïque. Henri Atlan préfère le terme de « sacré », tandis que le philosophe Emmanuel Levinas propose d'occulter ce terme car il évoque selon lui une notion liée à la magie, à la sorcellerie et opte pour celui de « saint », reflet d'une relation éthique et morale. La transcendance est envisagée comme une souveraineté inaccessible perçue comme un éloignement (*rahok*) et l'immanence évoque celle d'une proximité (*karov*). La tradition rabbinique rattache la transcendance à la sainteté (*kadosh*) et l'immanence à la bénédiction (*baroukh*). Les rabbins emploient justement le terme *Hakadosh baroukh hou* que l'on traduit par le Saint, béni soit-Il pour désigner Dieu, qui est saint et béni dans la même unité. Cette expression unifie les notions de sainteté et de bénédiction. La sainteté évoquant la crainte (*yira*) et la bénédiction est symbole d'amour (*ahava*), qui représentent elles aussi une seule et même unité. Les deux dernières lettres de *yira*, *aleph* et *hé* sont les deux premières de *ahava*, symbole de cette unité qui se manifeste même dans la représentation graphique des mots.

א

Chapitre 3

Harmonie du soleil et de la lune

« Quelle est celle-ci, apparue comme l'étoile du matin, belle comme la lune, lumineuse comme le soleil, et redoutée comme un étendard ? »
Cantique des Cantiques 6-10, cité par Maïmonide en exergue de la *Lettre sur l'Astrologie*[40]

« Au commencement était le cri. La voix qui brisa le silence éternel, était le cri de l'âme disparue. Et je l'entends parfois, les soirs où se cache la lune. »
Extrait du poème intitulé *La couronne de lune* du Rav Léon Askénazi (Manitou)

40. *Lettre sur l'Astrologie*, traduit de l'hébreu et annoté par René Levy, Allia, 2001.

Vivre en harmonie avec la nature

Vivre en harmonie avec la nature, c'est être conscient du rythme des astres, de la lumière qu'ils déploient et de la force d'attraction qu'ils exercent sur la terre. Contempler un ciel étoilé ou encore l'évolution du cycle lunaire est le reflet de notre rapport au cosmos.

La Genèse[41] évoque l'origine de l'apparition des astres, le soleil, la lune et les étoiles durant le quatrième jour de la création. Le texte précise : « Dieu (*Élohim*) dit : "Que des corps lumineux apparaissent dans l'espace des cieux, pour distinguer entre le jour et la nuit ; ils serviront de signes pour les saisons, pour les jours, pour les années ; et ils serviront de luminaires, dans l'espace céleste, pour éclairer la terre." » Et cela s'accomplit. Dieu (*Élohim*) fit les deux grands luminaires : le grand luminaire pour la royauté du jour, le petit luminaire pour la royauté de la nuit, et aussi les étoiles. Et Dieu (*Élohim*) les plaça dans l'espace céleste pour rayonner sur la terre ; pour régner le jour et la nuit, et pour séparer la lumière des ténèbres. Dieu (*Élohim*) considéra que c'était bien. Le soir se fit, le matin se fit - quatrième jour ».

Le soleil et la lune : deux grands luminaires ?

Le Talmud[42] relève une contradiction dans ce récit de la Genèse et rapporte le commentaire de Chimon ben Pazi pour tenter d'en comprendre le sens. En effet, dans le verset 16 du chapitre 1 de la Genèse, on peut lire au début du texte : « Dieu (*Élohim*) fit les deux grands luminaires... » Puis, ensuite :

41. Genèse, chapitre 1, 14-19.

42. Traité Houlin 60b.

« le grand luminaire... et le petit luminaire... » Cette contradiction reflète-t-elle un sens particulier ?

Pour y répondre, le Talmud poursuit en racontant l'allégorie suivante :

« La lune[43] fait observer au Saint béni soit-Il :

- Souverain du monde, est-il concevable que deux rois se partagent une même couronne ?
- Dieu lui répond : Non, effectivement. Va et fais-toi plus petite !
- Mais, Souverain du monde, reprend la lune, ne T'ai-je pas fait là une remarque logique ? Et c'est pourquoi je dois me faire plus petite ?
- Soit, reconnaît Dieu, mais consens-y, ainsi tu régneras le jour et la nuit.
- Mais quel en serait l'intérêt, demande la lune, à quoi peut bien servir une bougie en plein jour ? » La lune se demande quelle est la consolation qu'elle soit visible en fin ou en début de journée.
- « Soit, répond Dieu, mais obéis et, grâce à toi, Israël pourra compter le temps, les jours et les années par ton intermédiaire.
- Voyons, rétorque la lune, le concours du soleil n'est-il pas tout autant nécessaire pour déterminer le cycle des saisons puisqu'il est dit (pareillement des deux astres) : Ils serviront de signes (*ototh*) pour marquer les époques, les jours, les années ? »

---

43. Subtilité grammairienne pour hébraïsant averti, relevée par le commentaire de Tossefot qui constate que le texte talmudique emploie le terme « lune » au féminin, alors qu'elle est déclinée au masculin dans le texte biblique. Cette indication de Tossefot tend à rappeler que la matrice des engendrements dans l'histoire humaine est féminine comme nous l'avons évoqué dans le premier chapitre.

– Soit, dit Dieu, mais obéis et le nom des justes évoquera le tien : Jacob sera dénommé (comme toi) le « petit » ainsi que Samuel et David.

Ces trois grands personnages ont été individuellement surnommés « le petit ». Jacob et David dans le récit biblique en référence au prophète Amos 7,21 pour Jacob, et en lien avec les paroles du prophète Samuel I-17,14 pour David. Quant au Samuel cité dans le texte talmudique, il s'agit de Samuel Hakatan, « Samuel le petit », éminent personnage de la Mishna, de la deuxième génération des *Tanaïm*. Il a été choisi pour être le rédacteur de la dix-neuvième bénédiction contre les hérétiques (*birkat haminim*) du texte central de la prière juive appelée *shmoné esré* ou *dix-huit bénédictions*. Malgré le rajout de cette bénédiction, cette prière continue à s'appeler *dix-huit bénédictions*, comme une volonté que cette assertion soit provisoire. Fait étonnant, le traité Bérakhoth 28b évoque que l'année qui suit la rédaction de cette prière, Samuel le petit se leva pour diriger un office ; il fut pris d'une forme d'amnésie, et oublia le contenu de cette bénédiction. Cet oubli est peut-être le reflet inconscient de cette espérance en des temps messianiques, où il ne sera plus nécessaire de lire une bénédiction contre les hérétiques car il n'y en aura plus. La dénomination de la prière du *shmoné esré* sera fidèle à son contenu, constituée de dix-huit bénédictions effectives. Il n'y aura plus de faux-semblant, l'intériorité des hommes sera le reflet fidèle de leur extériorité.

Que signifie cette histoire talmudique ?

> *« Prête l'oreille, et écoute les paroles de sages, et applique ton cœur à ma science »*
> *Proverbes 22,17*[44]

Les rabbins du Talmud pensent-ils vraiment que la lune puisse exprimer sa cause de cette façon? Quel est le sens de cette histoire qui tente de nous convaincre que la requête de la lune a généré son amoindrissement? Emmanuel Levinas[45], dans une remarquable lecture talmudique, expose toute la portée philosophique de ce passage. « La Lune était-elle par orgueil ou par vanité incapable de partager la grandeur qu'elle avait reçue avec le Soleil? Et l'ordre *de se faire* petite n'était-il pas le juste châtiment de tant de prétention? Ou, déjà précocement agitée par la philosophie, la Lune n'affirmait-elle pas la nécessité d'un ordre hiérarchique dans l'être? À moins qu'elle ait déjà entrevu la *négativité* entre les égaux et qu'elle ait su que la grandeur ne se partage pas, que le partage de la grandeur est guerre. Mieux qu'une punition injustement infligée, la voix de Dieu ne lui avait-elle pas alors proposé la grandeur de la petitesse - de l'humilité, de l'abnégation de la nuit? La noblesse des meilleurs. Petitesse égalant la grandeur et avec elle compatible. »

Cependant la lune ne l'entend pas ainsi, comme l'explique Levinas, elle réplique à Dieu que la hiérarchie est nécessaire, mais qu'elle est injuste. Elle ne perçoit pas la *grandeur de la*

44. Ce verset des *Proverbes* est cité par Maïmonide en exergue des remarques introductives du *Guide des Égarés*.

45. « Judaïsme et Kénose », Emmanuel Levinas, *À l'heure des nations*, Minuit, 1988.

petitesse, et amène Dieu à rétorquer qu'elle régnera jour et nuit, alors que le règne du Soleil se limitera au jour. Cette réponse ne satisfait toujours pas la lune qui ne voit pas l'avantage d'éclairer en plein jour. Dieu lui répond qu'elle permettra au peuple d'Israël d'établir le décompte des jours et des nuits.

Le calendrier juif est en effet fondé sur l'unité du temps lunaire et solaire. Il s'organise à travers le cycle lunaire, mais avec des corrections sur la base du cycle solaire. On ajoute périodiquement un mois supplémentaire pour éviter qu'il ne soit complètement indépendant du rythme des saisons. Ce mois intercalaire se concrétise par un dédoublement du mois de *Adar*, qui précède immédiatement celui de *Nissan*, au cours duquel sera célébrée Pessah, la pâque juive. Il est désigné communément par la formule « *adar beth ou shéni* ». Une telle année avec deux mois de *Adar* est appelée embolismique, du grec *embolismos* : intercalaire et que l'on nomme en hébreu : *méoubérêt*, c'est-à-dire pleine. C'est ce procédé qui permet à la fête de Pessah d'être toujours célébrée au printemps.

Deux astres : pour chacun un rôle bien défini qu'il n'est pas possible de dissocier

Pour Levinas, le soleil et la lune ne sont pas seulement des luminaires, ils sont le mouvement, le temps, le reflet de l'histoire du monde, où le soleil représente la pensée universelle et la lune celle d'Israël. Malgré cet argument axé sur le calendrier, la lune prétend avec justesse qu'il reste impossible de déterminer le cycle des saisons sans recourir au soleil. Les deux astres ont chacun un rôle bien défini qu'il n'est pas possible de dissocier. La connaissance à l'image de ces deux astres ne peut s'envisager que dans la diversité des cultures. C'est d'ailleurs le passage nécessaire selon Henri Atlan[46] pour découvrir sa propre identité. Il le formule ainsi : « C'est à l'aide d'outils occidentaux que nous pouvons découvrir un contenu non occidental ». Atlan évoque l'histoire des disciples du Gaon de Vilna, venus en Palestine au XVIIIe siècle pour créer une école talmudique (*yéshiva*) scientifique du nom de *Bat shéva* (fille des sept sciences) pour témoigner justement de l'irremplaçable pensée occidentale dans l'objectif de découvrir la sagesse. Le soleil exprime l'idée d'un mouvement répétitif nécessaire mais qu'il faut arriver à dépasser pour découvrir sa propre identité. Le Gaon de Vilna s'interroge sur cette idée à propos de la célèbre phrase de l'Ecclésiaste[47] : « Il n'y a rien de nouveau sous le soleil. » Le Gaon de Vilna explique qu'il n'y a rien de nouveau sous le soleil, en effet, mais il faut chercher la nouveauté au-dessus du soleil. Elle s'exprime par la lune dans la tradition juive. Les années solaires suggèrent une répétition tandis que les mois lunaires évoquent la notion de renouvellement, de renaissance. Il s'agit du *hidoush*, qui diffère du *shinouy* en hébreu qui signifie le changement. La Tradition juive encourage le *hidoush*, le renouvellement d'une valeur qui reste fondée sur elle-même tandis que le *shinouy*, c'est la modification de cette valeur qui devient autre chose. En hébreu, le mois, *hodesh*[48], exprime la nouveauté, *hadash*, tandis que le soleil, *shémesh*, évoque *shamash* qui signifie « serviteur », suggérant la réalisation d'une action qui existe déjà ou qui est en projet chez son maître. Henri Atlan explique que le lieu et

46. Henri Atlan, *Entre le cristal et la fumée, Essai sur l'organisation du vivant*, Seuil, 1979.

47. Ecclésiaste 1,9.

48. *Hodesh*, composé des lettres *heth*, *daleth* et *shin* qui forment les initiales des trois mots suivants : *hokhma* (sagesse), *daat* (connaissance) et *simha* (joie). La sagesse par le biais de la connaissance amenant à la joie.

le temps de la répétition comme ceux de la conscience ou de la connaissance du passé sont représentés par la lumière du jour et que la véritable nouveauté surgit la nuit, avec la renaissance de la lune. « C'est en cela que, bien que soumise elle aussi au déterminisme du soleil (et elle aussi de ce point de vue *sous le soleil*), elle est vue pourtant comme l'indication de cet *au-dessus du soleil* où le nouveau peut arriver. »

L'inégalité des astres est-elle amenée à perdurer ?

L'histoire aussi noble soit-elle du peuple juif peut-elle continuer à rester en retrait ? C'est peut-être cette interrogation qui explique le « silence mécontent » de la lune. Poursuivons la lecture du texte talmudique pour tenter de percevoir quelle tournure prendront les évènements. « Comme Dieu constatait que la lune n'était toujours pas apaisée, ni satisfaite des explications données, le Saint béni soit-Il ordonna : Amenez un sacrifice expiatoire de Ma part parce que J'ai réduit la dimension de la lune ! Voilà pourquoi Rabbi Chimon ben Lakich a donné l'explication suivante : En quoi le sacrifice du bouc au moment du nouveau mois (*rosh hodesh*)[49], est-il si particulier pour que soit spécifiée à son sujet l'expression : "pour l'Éternel[50]" ? En ce que le Saint, béni soit-Il, a annoncé : Ce bouc-là servira à Me faire pardonner d'avoir réduit la dimension de la lune. »

49. À l'époque du temple de Jérusalem, lors de la néoménie, c'est-à-dire au moment où la nouvelle lune apparaissait, il fallait sacrifier un bouc pour « l'expiation en l'honneur de l'Éternel » mais la formulation hébraïque peut se traduire selon l'expression de Levinas : « en expiation pour l'Éternel - qu'à Dieu ne plaise, avait commis une faute à expier par le sacrifice d'un bouc ».

50. *Léhatat lahashem* selon l'expression du livre des Nombres 28,15 comme s'il fallait expier une faute de Dieu.

Il n'y a donc pas de réponse à la dernière interrogation de la lune, mais Levinas y voit une réponse à travers la notion de sainteté. « La grandeur de l'humilité est aussi dans l'humiliation de la grandeur. Sublime kénose[51] d'un Dieu qui accepte la contestation de sa sainteté dans un monde incapable de s'en tenir à la lumière de sa Révélation. »

Laisser le soin à l'homme de réparer l'imperfection de la création

L'humilité de Dieu, c'est d'accepter l'imperfection de la création dans le seul but de laisser le soin à l'homme de la réparer[52]. Il n'est pas question d'intervention divine, mais plutôt d'une grande attente envers l'homme. Maïmonide prétend que chaque individu devrait avoir conscience que chaque acte de son quotidien est une manière de changer le destin du monde. Quel que soit le temps que cet objectif prendra, l'homme doit rester confiant. C'est tout le sens de l'espérance messianique qui selon le prophète Isaïe se concrétisera par une lune qui brillera avec le même éclat que le soleil[53].

51. Mot grec qui exprime la notion d'humilité de Dieu dont parle l'Épître de saint Paul aux Philippiens (2,6-8).

52. Il s'agit de la notion de *tikoun olam* développée dans *Réparer les corps, réparer le monde*, In Press, 2019.

53. Isaïe 30,26.

ב
ח
גחת״ג
מ

Chapitre 4

Harmonie du corps

« Deux yeux, deux oreilles, deux narines, une bouche, un visage. Sept lumières pour éclairer le monde. Sept mondes pour recevoir la lumière. »
Introduction du *Tikouné Zohar*

« L'énigme tient en ceci que mon corps est à la fois voyant et visible... (Il est) un soit donc qui est pris entre des choses, qui a une face et un dos, un passé et un avenir... Visible et mobile, mon corps est au nombre des choses, il est l'une d'elles, il est pris dans le tissu du monde et sa cohésion est celle d'une chose. Mais puisqu'il se meut, il tient les choses en cercle autour de soi, elles sont une annexe ou un prolongement de lui-même, elles sont incrustées dans sa chair, elles font partie de sa définition pleine et le monde est fait de l'étoffe même du corps. »
Maurice Merleau-Ponty, *L'œil et l'Esprit*.

Le corps est vu à tort comme l'objet exclusif de l'attention des soignants, mais il ne peut être séparé de l'état d'esprit dans lequel se trouve un patient. Le corps n'est pas un assemblage d'organes qui se superposent, mais bel et bien une unité dont le tout surpasse la somme de chaque entité anatomique ou biologique qui le compose. L'analyse des corps est à rapprocher du vécu des patients, de leur histoire, de leur environnement, de la façon avec laquelle ils expriment leurs maux ou éludent certaines choses, occultant une réalité qu'ils ne veulent pas voir en face. Les soignants doivent respecter les réticences de certains patients tout en les aidant à être réceptifs aux signaux que les corps envoient. Il y a lieu d'intégrer toutes ces informations dans l'analyse des corps en ayant à l'esprit cette notion d'unité, à savoir que l'intériorité reflète l'extériorité, et inversement ; parvenir à découvrir ce que les corps cachent pour tendre vers l'harmonie.

Un commentaire midrashique raconte que le corps d'Adam était totalement transparent avant la faute. La surface de son corps était constituée d'une structure transparente, de la matière de l'ongle qui laissait entrevoir son intériorité. Après la faute, le corps devient opaque, enveloppée d'une peau, qui masque alors tout accès à son intériorité. Les soignants, à travers les siècles, tentent de percer ce que les corps cachent. Certes, les progrès de l'imagerie médicale ont contribué à dévoiler une partie du fonctionnement de l'organisme, mais aucun cliché radiologique ne pourra se substituer au discours du patient. Chaque examen clinique est toujours précédé d'un interrogatoire, qui s'envisage comme un long échange laissant largement la possibilité au patient de formuler les raisons qui l'amènent à consulter et la nature des symptômes qu'il perçoit. Le temps de l'examen clinique est souvent le prolongement de l'interrogatoire qui, dans l'intimité des corps dévoilés, amène les patients à exprimer autrement les ressentis, les troubles ou certaines constatations qu'ils avaient oubliés de décrire précédemment. Cette approche du soin vise l'harmonie du corps et de l'esprit.

La santé du corps : préalable indispensable à la connaissance

Le philosophe Maurice Pradines[54] développe la notion d'immanence de l'esprit sur le corps. Il définit deux modalités d'existence qui cohabitent, un mouvement d'involution qui vise à la conservation de l'espèce et un mouvement d'évolution qui définit l'acte d'altérité, à la rencontre d'autrui. Cette approche de Pradines est relativement isolée dans l'analyse des grands courants philosophiques occidentaux. Les philosophes grecs, Platon en tête, soutiennent que l'on doit éviter de prêter attention au corps car il *trouble l'âme*[55]. Emmanuel Kant[56] va aussi dans le même sens. Il rejette l'idée de toute réflexion sur les sensations du corps car nuisible autant pour l'esprit que pour le corps lui-même, ce qui, malgré tout, ne l'empêchait pas de prendre scrupuleusement soin de son corps.

Maïmonide, se distingue des philosophes grecs, il considère que la santé du corps est le préalable indispensable à la connaissance. Il inscrit un régime de santé du corps dans son code jurisprudentiel de la loi juive, lui donnant ainsi force de loi. Il est dans la lignée des rabbins du Talmud qui soulignent l'importance de ne jamais dissocier le corps de l'esprit, argumentant

54. Maurice Pradines, *Philosophie de la sensation : I. Les Sens du besoin*, Paris, Belles Lettres, 1932. II. Les Sens de la défense, Belles Lettres, 1934.

55. Phédon 64e-67a.

56. Emmanuel Kant, *Métaphysiques des mœurs*, 2 tomes, GF.

qu'il faut prendre soin du corps pour que l'esprit soit en mesure de parvenir à la connaissance des choses.

Concept d'homéostasie

Le corps humain est composé de nombreux tissus au sein desquels il existe cent mille milliards de cellules coordonnées entre elles. On imagine la complexité des réseaux moléculaires qui assurent le fonctionnement biologique de l'organisme. Il est difficile de comprendre comment le hasard selon certains scientifiques aurait une place privilégiée dans l'organisation du vivant alors que l'on peut constater que le maintien des fonctions vitales du corps s'articule autour d'échanges complexes parfaitement organisés. Il existe en effet de très nombreux mécanismes régulateurs qui visent à maintenir l'équilibre indispensable aux fonctionnements des organes.

Claude Bernard[57] évoque le concept d'homéostasie qui permet à des systèmes vivants de maintenir de multiples variables de leur milieu intérieur pour que la vie puisse continuer. L'ensemble du corps humain est ainsi régi par de multiples réseaux de communication entre organes dotés de systèmes de régulation qui permettent de maintenir une continuelle harmonie. En cas de dysfonctionnement, la pathologie apparaît. Ces nombreux processus chimiques sont donc indispensables au bon fonctionnement de l'organisme et symbolisent le mouvement de la vie par excellence. Maïmonide évoque également un concept similaire en employant le mot *tabia* en arabe qui exprime l'idée des forces qui gouvernent le corps.

57. Claude Bernard, *Leçons sur les phénomènes de la vie communs aux animaux et aux végétaux*, Librairie J.B. Baillière et fils, 1878.

Entre stabilité et renouvellement

Les mécanismes biologiques expriment la complexité à travers leurs caractères dynamiques qui génèrent une flexibilité et toutes formes d'adaptation. Malgré la multiplicité des corps, il existe des principes communs aux espèces, parmi lesquels, celui d'une information génétique similaire qui reflète l'unité du vivant. La particularité des corps est de présenter à la fois une relative stabilité des formes et une dynamique des tissus qui se manifeste par un renouvellement cellulaire permanent. Cette caractéristique qui semble paradoxale est contrôlée par l'ensemble des manifestations biochimiques du vivant. On retrouve cet antagonisme dans les modèles organisationnels des systèmes vivants. Henri Atlan[58] les décrit parfaitement en 1979. Il évoque l'image d'un état intermédiaire entre la stabilité, la persistance immuable du cristal et la fugacité qu'il illustre à travers le renouvellement de la fumée. On retrouve cette idée dans l'expression hébraïque *hay vekayam*, qui signifie vivant et persistant, souvent employée à propos des grands personnages bibliques. On attribue communément aux deux termes une même signification, mais il est plutôt question comme l'explique le Rav Kook, cité par Henri Atlan, de deux concepts opposés. *Hay*, vivant exprime l'idée de renouvellement et *kayam*, celle de la persistance. Cette expression constitue l'ambition même de la vie, être à la fois vivant et persistant, une aspiration contradictoire mais qu'il faut amener à réunir harmonieusement.

58. Henri Atlan, *Entre le cristal et la fumée, essai sur l'organisation du vivant*, Seuil, 1979.

כתר
חכמה
בינה

Chapitre 5

Harmonie de l'esprit

« Mais voici la pensée qui s'éveille en moi, et c'est pourquoi j'espère. »
Lamentations 3,21

« Jamais l'esprit ne donne congé à la lettre qui le révèle. »
Emmanuel Levinas

« Si je me tenais aujourd'hui au même niveau qu'hier, je me rejetterais brutalement. »
Rabbi Nahman de Bratslav

Distinguer émotions et sentiments

Dans le langage courant, on englobe les notions que sont les sentiments ou les émotions mais les différentes recherches dans le domaine des neurosciences nous amènent à les différencier. Le professeur Antonio Damasio[59], à travers plusieurs expériences scientifiques, tend à expliquer ce qui les distingue : « Les émotions sont des actions ou des mouvements, pour beaucoup d'entre eux publics, qui sont visibles pour autrui dès lors qu'ils se manifestent sur le visage, dans la voix et travers les comportements spécifiques. Bien sûr, certaines composantes du processus émotionnel ne sont pas visibles à l'œil nu, mais elles peuvent le devenir moyennant des tests scientifiques. » Ainsi, selon Damasio, les émotions se traduisent par des expressions faciales de joie, de colère ou du corps, comme la fuite ou une posture agressive. On peut les mesurer mais aussi apprendre à les déceler. Les sentiments sont quant à eux intériorisés, ils sont ressentis par l'individu et lui seul. Il ne s'agit pas de comportements mais de pensées. Les émotions sont des phénomènes mentaux qui se traduisent par une expression somatique. Damasio démontre également que les sentiments succèdent aux émotions. Il découvre qu'en stimulant des réactions cérébrales par des électrodes sur une patiente atteinte de la maladie de Parkinson, il déclenche une expression de tristesse sur le visage, entraînant des pleurs et ensuite l'expression verbale du sentiment par la patiente. Il arrête l'expérience et quatre-vingt-dix secondes plus tard, le comportement de la patiente est redevenu normal. Il a ainsi pu constater que les pensées liées à l'émotion ne venaient qu'après que l'émotion

59. Antonio R. Damasio est professeur de neurologie et directeur du *Brainand Creativity Institute* de l'Université de Californie du Sud.

eut commencé. Les sentiments sont donc le reflet de la prise de conscience des émotions. Ainsi, les sentiments seraient un mécanisme évolutif indiquant à l'organisme quelles actions ou régulations entreprendre pour revenir à l'équilibre.

Les sentiments sont en quelque sorte nos sentinelles, ils sont le reflet du vécu de notre organisme et révèlent l'état de satisfaction de nos besoins. La tristesse révèle par exemple le besoin d'amour et d'affection, ou encore la honte, le besoin d'affiliation à un groupe. Les émotions seraient donc intrinsèquement rationnelles et nous pousseraient à accomplir des actes qui iraient dans le sens de notre bien-être, que ce soit de façon consciente ou inconsciente. Il ne faut donc pas à empêcher leur expression mais apprendre à les gérer afin d'être moins réactif aux petites contrariétés du quotidien.

Amour et crainte, immanence et transcendance

La conceptualisation du divin dans la sagesse juive est le reflet d'une expérience psychologique qui s'intègre dans un processus intellectuel à travers le prisme de l'étude des textes de la Torah et celle de la connaissance du monde. Il ne s'agit pas de spéculation philosophique mais d'une initiation qui mène à l'identité du créateur et à la connaissance de son Nom. L'intelligence humaine ne peut en effet qu'explorer l'idée de Dieu, mais c'est le souvenir de la révélation sinaïtique qui transforme l'étude dans ce savoir si particulier de la tradition juive. Cette approche se retrouve autour des notions d'amour et de crainte du divin. Elles évoquent une expérimentation de la proximité (*karov*) pour l'amour et de l'éloignement (*rahok*) pour la crainte. Cette connaissance du divin à travers les deux approches d'amour et de crainte reflète la sagesse juive. Ce qui peut différer entre commentateurs, c'est la prééminence d'une notion par rapport à l'autre, en ayant tous la conviction profonde qu'elles sont toutes les deux indispensables. Rachi tend à mettre une légère prééminence sur l'amour dans son commentaire du Deutéronome 6,5. Maïmonide[60], de son côté, aurait tendance à les mettre sur le même niveau.

La médiation avec le divin s'insère dans ce processus émotionnel. Il n'est pas question de donner une quelconque prépondérance à l'une ou à l'autre de ces expériences psychologiques mais de les envisager comme l'expression d'une même unité. Si Dieu n'est qu'amour, il n'y a plus d'espace pour la providence avec une transcendance rejetée à l'infini et, au contraire, si Dieu n'est que crainte, il n'y a plus d'espace pour la proximité et l'immanence. Les deux médiations sont nécessaires et s'intercalent dans une relation harmonieuse comme on le retrouve dans l'ensemble des textes de la liturgie juive.

Aggada et Halakha

> *« Halakha et Aggada tout ensemble, comme en une harmonie des distincts, telle est l'œuvre de Kafka, inscrite au cœur même de la tradition juive, où souffle un coup de vent anarchique sur la Loi pour la rendre vivante. »*
>
> Extrait d'une lettre de Walter Benjamin à Guershom Scholem datée du 12 juin 1938

60. *Sefer Hamitsvoth - Livre des commandements - troisième et quatrième commandement, Mishné Torah - Hilkhot Yéssodé Torah - 2.*

Le Rabbin Israël Salzer[61] présente la Aggada comme un genre littéraire qui amène les rédacteurs du Talmud, au décours d'une discussion rigoureuse sur un problème législatif, à se laisser aller avec une liberté extrême à des considérations sur les thèmes les plus variés : histoire et légende, géographie, agronomie, industrie et artisanat, diététique et hygiène, médecine et astronomie, démonologie, croyances populaires les plus extravagantes. La Aggada correspond à des paraboles toujours profondes qui oscillent entre science et poésie, morale et philosophie, sociologie et psychologie, formant une inépuisable matière à réflexion.

La Halakha représente la loi, la marche à suivre, allusion à la racine hébraïque du mot qui signifie marcher. Elle s'impose à l'individu ou à la collectivité comme un repère normatif. Son étymologie évoque une entité dynamique qui s'adapte aux nouvelles situations générées par les progrès de la science ou les évolutions sociétales tout en maintenant intact l'esprit de la loi. Pour Hayyim-Nahman Bialik[62], la Halakha montre un visage sévère et la Aggada, un visage enjoué. « L'une est pointilleuse, stricte et dure comme l'acier : c'est l'attribut de rigueur. L'autre est tolérante, indulgente et plus douce que l'huile, c'est l'attribut de compassion ». Il poursuit : « L'une s'occupe de l'extériorité, du corps et de l'action ; l'autre, de l'intériorité, de l'âme et de l'intention ». Il y a d'un côté selon Bialik, une obligation, un asservissement et de l'autre la liberté, le renouvellement permanent, mais il tient à dire qu'en réalité, Halakha et Aggada ne font qu'une. « Ce sont deux aspects d'une même créature. Leur relation est semblable à celle du mot par rapport

61. Préface du Traité Pessahim du Talmud, éditions Verdier, 1984. Folio essais, 2003.
62. Hayyim-Nahman Bialik, *Halakha et Aggada*, Éditions de l'Éclat, 2017.

à la pensée et à la sensation, ou à celle de l'action et de la forme sensible par rapport au mot. »

Entre le particularisme et l'universel

« La vie est un voyage qui ne commence vraiment que lorsqu'on lui assigne un objectif », selon Adin Steinsaltz, traducteur et commentateur du Talmud. L'idée de voyages assignée à la vie implique la notion de découvertes, de rencontres. La Bible raconte ce désir de mouvements des hommes dès les premiers chapitres de la Genèse. Le texte biblique évoque, notamment à la fin du chapitre 10, le déplacement des descendants de Sem, fils de Noé, qui partent de la montagne orientale (*har hakedem*) en direction de Séfar, vers l'Occident, comme une envie de suivre l'itinéraire du soleil qui se lève à l'est et se couche à l'ouest.

Où se situe cette montagne orientale, point de départ de la génération post-déluge pour explorer le monde ? Une indication nous est apportée par le chapitre XI de la Genèse, où l'on relate que les descendants de Sem se sont arrêtés en chemin pour construire une ville dans la vallée du pays de Senaar. S'agit-il des monts célestes situés dans le plateau du Tamir, à l'est du Tadjikistan ? Ou encore de l'Everest, situé dans la chaîne de l'Himalaya ? Les enfants de Sem auraient eu, comme point de départ de leurs voyages, le Tadjikistan ou le Tibet. Ils auraient ensuite traversé le Turkménistan, puis l'Iran, pour s'établir en Irak et bâtir une ville : « Allons, bâtissons-nous une ville, et une tour dont le sommet atteigne le ciel ; faisons-nous un établissement durable, pour ne pas nous disperser sur toute la face de la terre. » Rachi, le grand commentateur de la Bible et du Talmud, explique qu'il s'agit, pour les enfants de Sem, de s'abriter autour de remparts pour tenter de se protéger contre un éventuel nouveau cataclysme après le déluge. Mais, selon une autre interprétation de Rachi, il s'agit du désir des hommes d'en finir avec Dieu. Il analyse en ce sens l'expression « des paroles semblables » issue du verset de la Genèse 11,1 « Toute la terre avait une même langue (*safa éhat*) et des paroles semblables (*dvarim ahadim*) » comme le dessein commun d'atteindre Dieu. Ils se sont exprimés ainsi : « Dieu n'avait pas le droit de s'attribuer de manière exclusive le monde supérieur ! Montons au ciel et faisons-lui la guerre ! »

Babel et la confusion des langues

La suite est connue, la tour de Babel est détruite et, dans l'imaginaire collectif, les langues sont nées à partir de cet épisode. Mais il est erroné d'attribuer une origine négative à la diversité des langues. Cette conception vient probablement de l'interprétation des versets dans lesquels Dieu s'exclame : « Voici un peuple uni, tous ayant une même langue. C'est ainsi qu'ils ont pu commencer leur entreprise et dès lors tout ce qu'ils ont projeté leur réussirait également. Or çà, descendons ! Et, ici même, confondons leur langage, de sorte que l'un n'entende pas le langage de l'autre. » La confusion des langages infligée par Dieu n'est pas celle qu'instaure l'apparition de langues différentes. Pour comprendre le sens de l'expression de Dieu, il est nécessaire de rappeler qu'il y a deux termes en hébreu pour évoquer le langage : *lashon*, dont la racine vient du mot « pétrir » en hébreu, *loush* - qui évoque l'élaboration d'une langue - et *safa*, qui signifie « lèvre », comme l'idée de quelque chose en relation avec l'extérieur pour permettre l'expression d'une pensée intérieure. Ainsi, quand la Genèse évoque le fait que toute la terre avait une même langue - *safa* -, il ne s'agit pas de la langue à proprement parler, mais bien d'une humanité formant un seul bloc, autour d'une pensée unique.

La confusion des langues - sous le vocable hébraïque de *safa* - générées par l'épisode de Babel manifeste la volonté divine de refuser toute forme de conformisme chez les hommes et de maintenir une diversité des cultures essentielle à l'ordre naturel du monde. Les langues ne sont pas nées après la destruction de la tour de Babel, selon le texte biblique, mais juste après le déluge, puisque, dans le chapitre X de la Genèse qui précède l'épisode de la tour, on clôt l'énumération des enfants de Sem par cette phrase qui évoque la langue à travers le vocable de *lashon* : « Tels sont les descendants de Sem, selon leurs familles (*lémishpéhotam*) et leurs langages (*lilshonotam*), selon leurs territoires et leurs peuplades. » Il est donc bien question de langues différentes avant Babel.

Cette approche de ce passage biblique est une manière d'articuler la réalité humaine entre le particularisme et l'universel. Moïse enseignera par la suite la Torah en soixante-dix langues, afin qu'elle soit comprise par chaque homme selon son langage et qu'elle soit clairement révélée aux soixante-dix nations à travers le monde.

Mais il est aussi question de responsabilité car les habitants de Babel, en voulant atteindre le divin, avaient aussi l'objectif d'attenter à l'éthique, à la morale. Cette notion est fondamentale à rappeler car elle permet de comprendre la vocation universelle du peuple juif qui rattache la parole de Dieu à une éthique de vie. L'élection de ce peuple est vécue comme une responsabilité qui vise à soutenir la marche du monde. Emmanuel Levinas le formule parfaitement : « Le particularisme d'Israël est une catégorie morale plutôt qu'un fait historique, même si l'Israël historique a été fidèle au concept d'Israël et s'est senti en morale des responsabilités et des obligations qu'il n'exige de personne, mais qui soutiennent le monde[63] ».

La singularité n'est autre que la condition essentielle pour mener les hommes vers l'universel. Cette idée se trouve au centre de la première parole de Dieu à Abraham (*lekh lekha*) qui lui demande de quitter son pays, son lieu natal et la maison de son père dans le but d'en faire une grande nation par qui seront bénies toutes les familles de la terre. Cette notion d'une bénédiction divine qui s'adresse à tout l'univers par l'intermédiaire du premier patriarche est retrouvée à cinq reprises dans le texte de la Genèse[64]. Elle fait écho aux cinq utilisations du mot *or* qui signifie lumière dans le récit du premier jour de la création[65]. Il s'agit d'un nouvel éclairage du monde qui apparaît avec Abraham et la constitution d'une nation singulière, porteuse de bénédictions pour l'ensemble des hommes. Cette élection doit être interprétée comme le reflet de l'amour de Dieu vis-à-vis de l'ensemble de la collectivité humaine, ainsi que le développe Rachi[66] à propos de l'élection des lévites par rapport à la globalité du peuple d'Israël. Il est donc question d'amour et de justification morale dans la constitution de cette nation dont la vocation vise à transformer les liens entre les peuples autour de valeurs universelles.

63. Emmanuel Levinas, *Difficile liberté*, Albin Michel, 1963.

64. Genèse 12,2 (2 fois) et Genèse 12,3 (3 fois).

65. Genèse 1,3 (2 fois) et Genèse 1,4 (2 fois), Genèse 1,5 (1 fois).

66. Commentaire de Rachi sur le verset 19 du chapitre 8 des *Nombres* à propos de l'utilisation à cinq reprises de l'expression « enfants d'Israël » dans le même verset.

י
ה
ה
ו

Chapitre 6

Harmonie du langage et du temps

« Il n'y a pas de mot qui sorte de la bouche de l'homme qui n'ait sa répercussion, qui ne monte et n'éveille une force. »
Zohar III, 105a

« La Bible n'exprime pas le langage des phénomènes, mais celui des essences. »
André Neher, *Faust et le Maharal de Prague*

Un être parlant

« Dieu (YHVH-Élohim) façonna l'homme - poussière détachée du sol -, fit pénétrer dans ses narines un souffle de vie, et l'homme devint un être/âme vivant/e (*nefesh haya*)[67]. » Rachi s'interroge sur l'emploi de *nefesh haya* : « N'a-t-on pas utilisé cette même expression à propos des animaux ? » Il explique que les animaux sont également appelés *nefesh haya*, mais cependant, l'homme est l'âme la plus vivante de toutes, car il s'y ajoute la connaissance et la parole. Onkélos[68] traduit en araméen l'expression par un *souffle qui parle* (*rouah mémaléla*). L'homme est défini par la parole lors du processus créatif dans la tradition juive et non par sa conscience d'être qu'il va acquérir par la suite.

Maïmonide place la parole à un niveau supérieur de celle de la pensée. Elle est à l'origine du monde et elle est considérée comme bien plus qu'un simple vecteur de communication pour l'homme. En dehors du lien que la parole représente avec le créateur, il existe une éthique du langage selon Maïmonide. L'homme est un être parlant qui doit être en mesure de maîtriser son expression verbale. Il exprime cette idée dans plusieurs écrits et notamment dans le *Guide des Égarés* (III-8) : « Le langage est un bienfait qui a été accordé à l'homme et par lequel il se distingue. Il ne faut donc pas que ce bienfait qui nous a été accordé pour notre perfectionnement, pour apprendre et enseigner, soit employé au plus grand vice et la chose la plus honteuse... »

67. Genèse 2,7.

68. Onkelos (35-120 après J.-C.), notable romain, neveu de Titus, qui choisit de se convertir au judaïsme. Il est l'auteur d'une traduction commentée en araméen de la Bible.

Maïmonide distingue cinq sortes de paroles dans son commentaire du *Traité des Pères* (1-17) : le discours commandé, le discours interdit, le discours réprouvé, le discours souhaitable, et le discours permis. Le premier, le discours commandé, correspond à la lecture et l'étude de la Torah. Le second, comme son nom l'indique, est celui qu'il faut absolument éviter. Il correspond au faux témoignage, au mensonge, à l'injure, à la calomnie, au colportage. Le troisième est le discours réprouvé qui correspond à des paroles sans intérêt pour celui qui les dit, comme le sont « par exemple la plupart des conversations courantes qui ont trait à ce qui s'est passé auparavant, à la manière dont se conduit tel roi dans son palais, à la cause du décès de telle personne ou de la richesse d'une autre ». Le quatrième est le discours souhaitable qui fait l'éloge des vertus intellectuelles et morales et incite l'âme au bien par des paroles agréables et des chants, et qui la préserve du mal par le même moyen. Enfin, le cinquième est le discours permis qui correspond aux paroles nécessaires à son commerce, son travail, son alimentation, son habillement et ses besoins en général. L'homme selon Maïmonide doit privilégier tout au long de sa vie le discours commandé qui correspond à l'étude des textes, et le discours souhaitable qui fait l'éloge des vertus intellectuelles, à travers la musique, la poésie et quelle que soit la langue dans laquelle il s'exprime.

Une parole médisante tue trois personnes : celle qui parle, celle qui écoute et celle dont il s'agit

À l'inverse, Maïmonide rappelle qu'il faut absolument s'éloigner du discours interdit, de la médisance et se fixer l'objectif de se taire quand il sent que sa parole s'inscrit dans ce genre de propos. Il cite le Traité Arakhin 15b du Talmud qui rappelle que la parole médisante tue trois personnes : celle qui parle, celle qui écoute et celle dont il s'agit. Le langage est un bienfait pour l'homme qui donne du sens à l'existence.

Henri Laborit[69] explique que pour qu'il y ait un sens à la vie, il faut qu'il y ait un message qui soit formulé par une conscience suivant un certain code, un système de transmission, et qu'il y ait une autre conscience pour le recevoir et le décoder. La parole est donc ce qui a permis à l'espèce humaine d'assurer sa pérennité.

On retrouve cette idée dans la première lettre de l'alphabet hébraïque, *aleph*, qui se retranscrit en trois lettres, *aleph*, *lamed* et *pé*. *Aleph* est la première lettre du mot qui signifie apprendre en araméen, *lamed* est la première lettre de *lilmod* qui signifie apprendre en hébreu et ces deux lettres qui s'associent à *pé*, première lettre du mot « bouche » (*péh*) en hébreu, symbole de cette cavité qui permet la vocalisation des sons d'une parole pour transmettre un enseignement. L'histoire peut alors commencer avec celle de la conscience du temps qui s'inscrit au sein des êtres qui se succèdent.

La liberté se révèle par la conscience du temps

Les pandémies et notamment celle du Covid-19 interpellent nos valeurs éthiques et les contraintes imposées aux populations nous amènent à réfléchir sur le sens des libertés les plus élémentaires. Celles de se déplacer, de travailler, de se réunir, de voyager, d'organiser ses loisirs. Il est important de parvenir à un juste équilibre entre la préservation de la santé des popula-

69. Henri Laborit, *Éloge de la fuite*, Robert Laffont, 1976, et Gallimard, dans la collection Folio essais.

tions et celle de leurs libertés. Cette notion d'harmonie est essentielle, mais elle peut se transformer en un véritable cas de conscience pour les soignants quand il devient nécessaire de procéder à une stratégie de priorisation entre patients dans des structures hospitalières débordées. Hormis ce dilemme éthique, ne sommes-nous pas condamnés à sacrifier une autre composante essentielle de l'existence, celle de la conscience du temps ? Le télétravail favorise une confusion des rythmes journaliers. Il a aboli les frontières temporo-spatiales qui sont pourtant nécessaires à la récupération des esprits. L'absence de distinction spatiale entre le domicile et le lieu de travail génère des troubles anxieux de plus en plus décrits dans nos cabinets médicaux.

Sommes-nous devenus beaucoup trop disponibles ? C'est ce que pense le philosophe Hartmut Rosa qui affirme que la société actuelle, empreinte d'un niveau technologique sans précédent, a rendu le monde trop disponible et que, malgré cela, il persiste pourtant à échapper aux hommes. Il expose cette idée dans un essai intitulé *Rendre le monde indisponible*[70]. L'homme accroît sans cesse sa disponibilité mais il n'assouvit pas pour autant ses désirs ni le besoin vital d'être en résonance avec le monde. Peut-on dire que l'homme reste encore vraiment libre ou qu'il se trouve égaré dans un univers ultra-connecté ?

Maïmonide explique que la liberté des hommes se révèle par la conscience du temps. Il justifie cette idée par le sens qu'il entend donner à la première loi édictée aux Hébreux juste après la sortie d'Égypte. Ce dispositif législatif instaure un calendrier propre aux membres de ce peuple qui vient d'être affranchi de l'esclavage afin qu'ils célèbrent le nouveau mois en tant qu'individus libres. Les défis auxquels sont exposées nos sociétés

70. Hartmut Rosa, *Rendre le monde indisponible*, La Découverte, 2021.

amènent à replacer la technologie au service des hommes sans sombrer dans une forme de dépendance qui aboutit inévitablement à une forme d'aliénation et d'inquiétude.

La liberté s'acquiert progressivement et elle n'est jamais définitivement acquise, selon la sagesse juive. C'est le sens de la fête de Pessah, la pâque juive, qui évoque le récit de la libération de l'esclavage d'Égypte. Elle symbolise la sortie d'un exil que l'on présentait comme infranchissable dans la tradition talmudique. La soirée pascale (*séder*) est introduite par une phrase - *bivhilou yatsanou mi-Mitsraïm* - qui signifie « les Hébreux sont sortis d'Égypte avec empressement ». On comprend qu'après deux cent dix ans de servitude, ils voulaient fuir *Mitsraïm*, le pays d'Égypte, le plus vite possible. Ce mot exprime également la notion de rétrécissement. Échapper à l'esclavage, c'est rompre d'une manière générale avec cette souffrance qui enferme et qui empêche d'accéder à toute transcendance. Les rabbins s'interrogent sur cette idée d'empressement que l'on retrouve aussi à propos de la consommation du sacrifice pascal décrite dans le texte de l'Exode[71] : « Vous en mangerez avec empressement (*bé-hipazon*). » Il s'agit là encore, pour de nombreux commentateurs, d'une prise de conscience de la notion du temps à travers cette liberté retrouvée. Abraham Heschel les appelle les Bâtisseurs du temps, héritiers d'une sagesse qui a introduit le sacré dans le quotidien des hommes où les mythes deviennent synonymes d'espérance. Cette idée se retrouve dans le commentaire de Rabbi Tsadok Hacohen de Lublin qui conçoit l'empressement de la consommation du sacrifice pascal comme un moment de grâce que l'on se hâte de saisir avant qu'il ne s'éclipse. Un art de vivre en soi qui permet d'accéder à l'infini.

71. Exode 12,11.

L'énigme du Nom divin et l'acte de foi

Le Nom divin est le symbole de l'unité originelle. On raconte que seul Adam connaissait le Nom divin mais qu'il fut oublié par les hommes. Plus tard, deux noms divins sont révélés à Moïse au cours de l'épisode du Buisson ardent. Il s'agit du tétragramme, le YHVH[72] et le nom EHYH (*éhyéh -je serai*). Le rabbin Elie Munk dans son commentaire de la Torah[73] explique que les quatre lettres que l'on retrouve dans EHYH et dans YHVH servent de signes phonétiques à toutes les consonnes. Il s'agit des lettres *aleph*, *hé*, *vav* et *youd* qui articulent les consonnes sans qu'elles soient associées à l'une d'entre elles.

Ces lettres sont formées de sons aspirés selon Ibn Ezra, et ne s'articulent que dans un souffle qui est celui de l'origine de la création et de l'existence. Le monde créé s'enveloppe du silence de l'absolu et le Tétragramme devient le Nom ineffable. Seul le Grand Prêtre était en mesure de le prononcer une seule fois par an le jour de Kippour dans l'enceinte du temple de Jérusalem. Pour les autres hommes, il devient celui que l'on se garde de prononcer car il est l'essence même de l'absolu, de l'unité originelle, en référence à YHVH éhad extrait du Deutéronome[74]. « Écoute, Israël : YHVH est notre Dieu, YHVH est un » inaugure la lecture de la prière juive du *shéma*. Il s'agit pour le peuple juif à travers ce rite de témoigner de l'unité de Dieu. L'idée de YHVH *éhad* implique aussi l'idée d'un Dieu unique (*yahid* dans le sens unicité) mais recouvre un sens plus large, celui de l'unité de Dieu à travers l'unité des attributs tels qu'ils

72. YHVH formé des lettres *youd, hé, vav, hé* et EHYH formé des lettres *aleph, hé, youd* et *hé*. Il y a donc 4 lettres en commun que sont *aleph, youd, hé, vav*.

73. Elie Munk, *La voix de la Thora*, commentaire sur l'Exode 3-16.

74. Deutéronome 6,4.

sont répertoriés dans les textes de la Kabbale. Ils sont exclusifs, voire antinomiques les uns avec les autres, mais ils forment une seule et même unité. C'est la foi en cette idée qui est exprimée par la phrase inaugurale du shéma. Les temps de lecture de cette prière sont un rappel de l'unité contre cette apparente dualité du monde que suggèrent les moments évoqués dans le premier chapitre du Talmud Bérakhoth, un entre-deux temps, celui du passage du jour à la nuit et celui de la nuit au jour.

Martin Buber[75] rappelle dans une lettre au philosophe Hugo Bergman qu'il est très important que YHVH, qui pour l'homme prophétique représente l'unité au-dessus de toute dualité, soit toujours établie par une dualité car la victoire de ce qui est vécu dans l'auto-perception est toujours trahie par sa représentation. La notion de *Dieu Un* va à l'encontre de la représentation du monde et de l'être de créature qui renvoie à la multiplicité. Le *shéma* est bien un acte de foi. Un jour viendra où l'harmonie se manifestera par une parfaite adéquation entre la réalité et la vérité, entre le Nom lu et le Nom prononcé.

Signifiant, signifié, source émettrice et conscience réceptrice

Une particularité de la langue hébraïque est l'expression d'un lien entre l'objet désigné, le signifié et le terme qui le nomme, le signifiant. On peut constater que les dénominations hébraïques de l'anatomie du corps humain révèlent des fonctions inattendues des organes[76], faisant le lien entre signi-

75. Lettres choisies de Martin Buber 1899-1965, textes traduits et commentés par Dominique Bourel et Florence Heymann, CNRS éditions, 2004.

76. On peut retrouver le développement de cette idée dans le chapitre intitulé *La physiologie révélée par la dénomination hébraïque : le sens caché des lettres* dans *Médecine et Kabbale, le pouvoir des lettres*, aux éditions In Press.

fiant et signifié. Henri Laborit explique que le sens de la vie se dévoile à travers le message ou le signifiant d'une sémantique qui représente le signifié. Il tente de percevoir le sens de la destinée humaine en essayant de comprendre la finalité de l'ensemble des processus vivants. « Il semble que nous ne pourrons le faire qu'en connaissant précisément les lois et les mécanismes structuraux, que nous commençons à entrevoir, qui organisent les êtres vivants dans le monde où nous sommes, puis en recherchant leur possible analogie avec les lois et les mécanismes structuraux présidant à l'organisation des formes nouvelles qu'il nous sera donné d'observer. » Les découvertes les plus récentes dans le domaine des sciences biologiques nous amènent à mieux appréhender la structure des êtres, accédant au signifiant des processus vivants et d'y percevoir une unité qui se révèle de plus en plus à nous. Certes, la méthode scientifique ne permet pas de décoder le message véhiculé par les processus vivants, mais l'homme peut analyser les signes qui se révèlent à lui. Il peut ainsi constater qu'il existe une source émettrice à son origine, et une conscience réceptrice capable d'appréhender l'information transmise. Cette approche est certes liée à une forme de croyance ou de foi, mais elle est encore ici une source de réconfort et d'espérance.

Chapitre 7

Harmonie de l'homme avec autrui

« Il n'est pas bon que l'homme soit seul. »
Genèse 2,18

« Un maître dans la tradition rabbinique n'est pas celui qui a des élèves, mais celui qui a eu un maître. »
Jacob Gordin cité par le Rabbin Léon Askénazi

Que sommes-nous sans l'autre ? L'homme naît de la rencontre entre deux êtres. Son évolution s'organise dans l'utérus de sa mère et il ne peut naître sans l'intervention d'une autre personne. Rachi dans son commentaire du livre de la Genèse 40,20 explique le sens du mot anniversaire en hébreu : *yom houledeth* – dont le terme *houledeth* est une forme grammaticale passive (*hofal* en hébreu) qui signifie : le jour où l'on m'a donné naissance, suggérant que « l'enfant n'est mis au monde qu'avec l'aide d'autrui, à savoir la sage-femme qui fait accoucher la mère ». Nous sommes donc des animaux sociaux, selon la formule aristotélicienne, par nécessité biologique, mais aussi par un besoin psychologique qui nous amène à atteindre notre propre essence uniquement dans notre rapport aux autres.

La rencontre : le souci de l'autre

Le monde repose sur le souci de l'autre, et l'homme ne peut exister sans les autres qui le font. Tel est le sens du mot *Bé-réchit* qui inaugure le texte de la Bible, communément traduit par « Au commencement », mais qui signifie aussi « premier » (*rechit*). Il s'agit du premier des principes sur lequel repose la démarche créatrice. Hillel et Rabbi Akiva, deux éminents personnages du Talmud, considèrent la relation à autrui comme le principe qui renferme l'essence même de la Torah. La lettre hébraïque *beth*, première lettre du mot *Béréchit*, qui inaugure le texte de la Torah symbolise le chiffre 2 comme une allusion dès l'origine à cet esprit de partage, de rencontre qui augure l'existence. Les rencontres forgent une vie. Il n'y a pas d'étrangers sur terre, mais seulement des êtres qui ne se sont pas encore rencontrés.

Rabbi Nahman de Braslav[77] envisage la rencontre à travers la notion de *kabalat panim*, littéralement : « la réception du visage ». C'est aussi ce qui fonde son rapport à autrui, selon Emmanuel Levinas[78] : « La vraie essence de l'homme se présente dans son visage » à travers le regard qui est l'expression du visage d'autrui, cependant il ne l'est pas dans une forme de réciprocité mais dans une asymétrie patente. Il n'y a qu'un seul visage, celui d'autrui dont l'apparition est l'évocation d'un ordre, celui de : « Tu ne tueras point » Il s'agit d'une démarche éthique à l'égard d'autrui qui naît de la proximité avec son visage. Pour Rabbi Nahman, il ne s'agit pas d'une relation fondée sur la réciprocité, mais de la voie vers un idéal de communauté humaine où chaque être tend à devenir le miroir d'un esprit sublimé.

---

77. *Liqoutim* 153.

78. Emmanuel Levinas, *Totalité et infini. Essai sur l'extériorité*, Livre de Poche, 2009.

L'unité des valeurs comme idéal de vie

Le Midrash[79] raconte que lorsque Dieu voulut créer le premier homme, il s'adressa aux anges en disant : « Faisons l'homme à notre image[80] ». Les anges se sont rangés en deux camps, les uns disaient « créez-le » et les autres s'opposaient en déclarant « ne le créez pas ».

Ce récit allégorique qui évoque cette confrontation entre les anges fait référence au verset 11 du Psaume 85 qui présente la rencontre des absolus qui régissent le monde : « L'amour (*hessed*[81]) et la vérité (*emet*) se sont rencontrés et la justice (*tsedek*) et la paix (*shalom*) s'embrassent. » L'amour déclare : « Qu'il soit créé, car l'homme agit avec bienfaisance. » La vérité proteste et déclare : « Qu'il ne soit pas créé, car il est tout entier mensonge. » La justice quant à elle se porte en faveur et annonce : « Qu'il soit créé car il accomplira des actes de justice. » La paix s'y oppose et proclame : « Qu'il ne soit pas créé, car il est tout entier conflit. » En voyant que les anges sont dans l'impasse, Dieu fait le pari de l'homme. Il décide de ne pas entendre les propos de la vérité dans les cieux pendant l'instant créatif et la saisit, puis la jette sur terre afin qu'elle puisse y germer ainsi qu'on peut le lire dans le verset 12 du Psaume 85 : « La vérité va germer du sein de la terre, et la justice briller du haut des cieux. »

Le projet de l'identité humaine amène à une difficile voire une impossible conciliation des absolus. Malgré cette vive opposition des anges, Dieu décide de créer l'homme. On peut

79. Genèse Rabba 8,5.

80. Genèse 1,26.

81. *Hessed* est un concept qui reste difficile à traduire en français, nous avons opté pour l'amour dans ce contexte, mais il peut exprimer la notion de générosité, de charité à l'égard d'autrui.

s'interroger sur la raison qui pousse Dieu à faire taire la vérité dans les cieux. Il aurait pu choisir la paix qui s'opposait également au projet créatif de l'homme. Une raison supplémentaire de croire et d'espérer que la paix entre les hommes ne soit pas une ambition vaine, ni une valeur infranchissable. La vérité, quant à elle, est peut-être la notion la plus contradictoire avec le projet de l'identité humaine. Elle nécessite une germination lente au sein de la terre pour qu'elle concède au projet créatif. Une manière de rappeler à l'homme qu'il ne peut exister que dans la durée. C'est aussi le sens des sept jours de l'œuvre du commencement qui aurait pu s'organiser l'espace d'une seconde pour le créateur. La vie qui s'offre à l'homme devra lui donner l'occasion d'inscrire la vérité comme un idéal à atteindre, l'amenant à dépasser plus généralement les contradictions de tous les absolus.

Entre charité et justice

La morale dans la tradition juive correspond à l'unité entre les valeurs de charité (*tsédaka*) et de justice (*tsédek*). On constate l'assonance des mots de justice et de charité en hébreu qui proviennent d'une même racine hébraïque *tsédek* qui signifie « juste ». Cette idée d'un jugement juste - *mishpat tsedek*, expression tirée du Deutéronome[82] - est un principe fondamental que vise toute décision de justice. Difficile métier que celui d'un juge qui doit sans cesse trouver un équilibre entre justice et compassion dans les décisions qu'il doit rendre. D'un côté, il doit éviter d'orienter son verdict essentiellement sur la notion de charité mais il ne doit pas non plus avoir une vision de la justice qui la place exclusivement sur le plan du droit.

82. Deutéronome 16,18.

J'ai été marqué à plusieurs reprises dans mon activité de juge au sein de l'instance disciplinaire de l'Ordre des médecins par la formulation d'un magistrat qui nous rappelait qu'on devait juger les affaires en droit et non en équité. Le *Traité des Pères* qui constitue un recueil de règles morales de la tradition talmudique rappelle aux juges « qu'ils doivent être circonspects dans leurs jugements ». Maïmonide développe longuement cette idée dans le *Traité des Huit Chapitres* en expliquant que les juges ont impérativement besoin de s'imprégner d'un enseignement de la morale car ils ont le sort des hommes entre leurs mains. Il convient pour un juge de ne pas se contenter de définir le juste et l'injuste mais de se préoccuper également du bon ou du mauvais usage des règles de justice. La recommandation de circonspection dans le jugement est ainsi pour Maïmonide comme une invitation aux juges à agir en ne commentant pas la justice elle-même mais la manière d'en user. C'est à travers le but visé par les règles de justice que l'on peut définir le fondement d'une action et si elle est utilisée à bon escient. Cette approche de la justice vise à encourager les juges à être très attentifs à ce que leurs décisions, certes fondées en droit, ne finissent pas par entraver la morale d'une certaine manière. C'est cette approche de la justice qui amène Maïmonide à attribuer une grande importance au *Traité des Pères* en lui consacrant une introduction spécifique dans son *Commentaire sur la Mishna*.

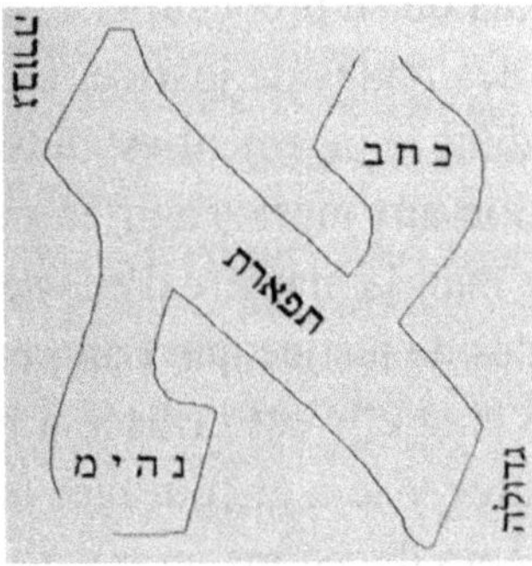
גבורה
כ ח ב
תפארת
נ ה י מ
גדולה

Chapitre 8
Harmonie de l'homme avec le monde

« Leur fin est fixée à leur commencement et leur commencement à leur fin, comme une flamme attachée à une braise. »
Sefer Yetsirah

« Il y a des limites au désespoir.
Il n'y a pas de limites à l'espérance. »
Edmond Jabes, *Le livre des marges*

« La science a remplacé la Foi dans la thérapeutique de l'angoisse. L'Homme attend d'elle qu'elle le rende immortel, dans ce monde et non dans l'autre. Mais la déception est proche car la Science vit dans le siècle et si elle résout certains problèmes matériels de l'homme, elle n'apporte pas de solution à sa destinée. »
Henri Laborit, *Éloge de la fuite*

L'homme est un système ouvert dont le fonctionnement s'intègre dans sa relation avec le monde. Cette approche du vivant a définitivement clos la vision de l'homme comme système fermé qui a longtemps dominé les sciences jusqu'au XIXe siècle. Elle s'inscrit dans une auto-organisation du vivant à travers des mécanismes complexes de régulations qui permettent une adaptation à toutes formes d'agressions de l'environnement. Ils sont à l'œuvre à tous les niveaux de la vie de l'individu, tant cellulaire que du point de vue organismique, en référence à la notion de totalité (*kol*), intégrant aussi le fonctionnement psychique et notamment la part d'inconscient. Comment concilier cette logique d'auto-organisation qui s'intègre dans un tout (*kol*) conscient et inconscient avec celle de notre liberté ? Quel est le rôle de la volonté dans ces systèmes auto-organisateurs ?

Henri Atlan[83] explique que le véritable vouloir est étonnamment inconscient. Il se manifeste dans les interactions cellulaires avec les facteurs aléatoires de l'environnement construisant ainsi l'avenir. La conscience se manifeste quant à elle dans le passé car il ne peut y avoir phénomène de conscience sans connaissance, quelle que soit sa forme de perception formant ainsi une mémoire. Selon Atlan, la conscience volontaire et le vouloir émergeant à la conscience sous forme de désirs sont le résultat d'interactions entre conscience mémoire du passé et vouloir inconscient auto-organisateur de l'avenir. L'unité de l'homme se manifeste alors dans un processus unifiant passé et avenir, liberté et déterminisme, conscience et inconscient.

Concilier ce qui semble inconciliable, c'est peut-être là que se situe le mystère du monothéisme de la tradition juive

83. Henri Atlan, *Entre le cristal et la fumée, essai sur l'organisation du vivant*, Seuil, 1979.

à travers ce qui semble être une utopie. La concrétisation de cette démarche est évoquée dans le Talmud Bérakhoth[84], sous la forme d'un enseignement de Resh Lakich rapporté par Rabbi Lévi bar Hama qui détaille l'organisation de cette quête autour de trois principes : la volonté, la connaissance et la foi. La volonté comme première clause d'une éthique de vie érigée selon le principe : « un homme doit constamment inciter son bon penchant à combattre son mauvais penchant ». C'est aussi l'opinion de Maïmonide qui formule cette idée dans son *Traité des Huit Chapitres* rappelant que l'homme est l'agent de ses propres actions, qu'il ne dépend que de lui d'être vertueux ou mauvais, sans que Dieu ne le contraigne vers l'une ou l'autre des éventualités. Mais le texte talmudique considère que la volonté peut être mise en échec, et il devient alors nécessaire d'orienter l'homme vers l'étude pour qu'il tente de distinguer le bien du mal.

En effet, depuis la faute originelle, le principal problème humain, comme l'explique Maïmonide dans son *Guide des Égarés,* c'est que sa compréhension des choses intelligibles ne se limite qu'à des notions subjectives qui le conduisent au doute et à l'indécision. La réparation n'est alors possible que par le biais de l'étude, qui elle aussi peut être mise en échec. Les sages du Talmud proposent alors d'insérer la foi à travers la lecture du *shéma* qui fait référence à la notion d'unité de l'être comme source de tout être. Le *shéma*, l'acte de foi par excellence qui exhorte le peuple d'Israël à ne pas se fier à ce qu'il voit ou interprète, en référence au livre des Nombres[85] : « Ne vous égarez pas à la suite de votre cœur et de vos yeux. »

84. Traité Bérakhoth 5a.

85. Nombres 15,39.

Il ne s'agit ni d'une expérience liée à la raison (le cœur), ni à l'appréciation objective (les yeux).

Cet ordre du texte talmudique qui insère la foi après la connaissance peut surprendre ceux qui considèrent qu'elle n'est utile que dans l'ignorance ou l'absence d'un savoir constitué par la raison et l'expérience communes. La croyance en un Dieu unique s'inscrit dans la lignée de la foi de chacun des patriarches et dans le souvenir de la révélation sinaïtique.

Le Talmud explique qu'en dernier recours, lorsque même la foi est mise en échec, il faut demander à l'homme « qu'il se souvienne du jour de sa mort ». Cette injonction vise à rappeler la fragilité de la condition humaine pour l'inciter à avoir une attitude conforme à une éthique de vie. Notons que cette classification talmudique qui suggère comme ultime réponse d'inscrire l'homme sous la menace permanente de sa disparition se révèle une manière de le préserver d'une forme de mélancolie. Reste que cette conscience de notre rapport à l'existence est au contraire le refus de continuer à vivre dans une illusion permanente. Elle est la source d'une modalité d'être qui ne dépend pas cette fois de la notion du temps mais plutôt d'une jouissance d'une vie pleine de sens. Comme le dit l'Ecclésiaste[86] : « La fin du discours, tout ayant été entendu, crains Dieu (Élohim) et garde ses commandements ; car ça (*zéh*) est le tout (*kol*) de l'homme (*haAdam*). » Le « ça », *zéh*[87] en hébreu, est la formulation de l'action unificatrice de l'homme comme une manière d'atteindre la pleine potentialité de son devenir.

86. Ecclésiaste 12, 13.

87. La correspondance numérique de *zéh* est 12, rappelant les douze chapitres du livre de l'Ecclésiaste, comme une manière d'atteindre la sagesse à travers le franchissement des 50 portes de la connaissance : 50, ou guématria de *kol* (tout) ; 12 évoque les douze tribus ou encore les douze manières d'être Israël.

La voie médiane ou la symbolique du chiffre 3

« L'idée ne s'exprime qu'au moyen de trois choses, le son, le mot, la phrase... Or les cieux et le firmament, la nuit et le jour prouvent la divinité de l'être Un, sans aucune de ces trois choses, mais grâce à ce que l'homme intelligent voit en eux ».
Saadia Gaon, *Commentaire sur le Sefer Yetsirah*

« Il y a trois livres dans chaque livre : le livre que l'auteur a écrit, le livre que le lecteur lit, et le livre lui-même. »
Pensée de la Kabbale

Le chiffre 3 évoque l'harmonie, la voie médiane par excellence selon l'enseignement du Maharal de Prague. Il développe cette idée dans son ouvrage *Tifereth Israël*[88] dans lequel il aborde l'épisode du don de la Torah. Dans la lignée de l'enseignement de Maïmonide issu du *Traité des Huit Chapitres*, le Maharal de Prague considère que les préceptes de la Torah sont le reflet de cette voie médiane. Il apporte à l'appui de son raisonnement un enseignement évoqué dans le Talmud[89] : « Un habitant de Galilée a fait le commentaire suivant en présence de Rav Hisda : Béni soit Dieu qui a donné une Torah triple[90]

88. Le titre de l'ouvrage est communément traduit par *Harmonie d'Israël* ou *Splendeur d'Israël.*

89. Traité Shabbat 88a.

90. Il s'agit des trois parties qui composent la Bible (Torah, Prophètes et Hagiographes) selon Rachi. Pour Rabbi Yom Tov Ben Avraham Asevilli appelé Ritva (1250-1330), il s'agit des trois volets de la Torah que sont les récits, les lois et les secrets.

à un peuple triple[91] par l'intermédiaire de Moïse (troisième de sa fratrie après Aaron et Myriam), au troisième jour[92] du troisième mois[93]. »

Abraham *(Hessed)*	**Isaac** *(Guevoura)*

Tifereth **(Harmonie)**
Jacob
Israël
12 tribus

Le chiffre 3 correspond à la notion de milieu (*emtsa*) dont le mot en hébreu commence par la lettre *aleph,* comme pour rappeler que la voie médiane est la voie vers l'unité. Pour atteindre la notion de *tifereth*, d'harmonie représentée par Jacob, il faut passer par Abraham (symbole du *hessed*, de l'altruisme) et par Isaac (*guevourah* ou bravoure). L'altruisme et la bravoure qui mènent à l'harmonie. De nombreuses études en neurosciences ont démontré que l'acte de don sollicite les mêmes zones cérébrales que celles qui sont associées au système de la récompense, qui influence le comportement de l'individu à l'égard de tout ce qui procure du plaisir. C'est ce système qui incite à manger ou à boire lorsque l'on a faim ou soif, mais il peut être à l'origine de comportements extrêmes

91. Selon Rachi, ce peuple triple est une allusion aux trois catégories à savoir Cohen, Lévi et Israël qui fondent la tradition juive.

92. Trois jours évoquent la période d'abstinence à travers la requête de Moïse énoncée dans le livre de l'Exode 19,15 : « Soyez prêts dans trois jours, n'approchez point d'une femme. »

93. Le premier mois est *Nissan*, puis *Iyar* et ensuite *Sivan*. Notons que même si l'année commence par le mois de *Tishri*, le premier mois reste celui de Nissan en référence au texte de l'Exode 12,2 : « Ce mois-ci est pour vous le commencement des mois ; il sera pour vous le premier des mois de l'année. »

voire addictifs, ce qui doit toujours encourager à s'orienter vers la voie médiane. L'altruisme mène à l'harmonie, mais il n'est pas question de céder à la tentation des extrêmes, même en ce qui concerne la générosité ou le courage, comme l'explique Maïmonide dans le quatrième chapitre du *Traité des Huit Chapitres*.

תפארת

ב

ו

ת

Le roi Salomon a écrit dans l'Ecclésiaste que « la corde à trois branches ne se rompt pas aisément[94] ». Il s'agit d'une allusion aux patriarches, ou encore une manière d'inscrire sa propre destinée dans la lignée de ces pères fondateurs qui ont chacun été à leurs manières en quête du divin. Cette inscription des origines dans une chaîne ininterrompue véhicule une énergie si forte qu'elle empêche de sombrer dans une forme de fatalisme, malgré les épreuves endurées au fil des siècles.

La Bible rattache le chiffre 3 à un symbole de vie ainsi que le décrivent les paroles du prophète Osée : « Après deux jours, il nous rendra la vie, le troisième jour, il nous relèvera

94. Ecclésiaste 4,12.

et nous vivrons en sa présence. » C'est ce verset qui amène le Rav Soloveitchik à évoquer la troisième dimension de l'espérance qui se manifeste par cette alliance avec Dieu. La mystique juive associe le chiffre 3 à la création en elle-même expliquant qu'il y a trois créations distinctes qui s'emboîtent dans l'acte créatif: création globale du monde, du vivant et de l'humain. Ce concept est rattaché à la présence triple du mot *bara* (créé) dans le premier chapitre du livre de la Genèse. Un juif ne peut d'ailleurs rester plus de trois jours sans écouter la Torah. Une lecture publique est organisée dans ce but tous les trois jours dans l'ensemble des synagogues du monde. Les dix paroles sont divisées en trois groupes de trois paroles dont on différencie la première, « *Anokhi* YHVH », qui est une présentation du créateur selon Rabbi Abraham bar Hiyya Hanassi[95]. Il explique ce concept dans son ouvrage *Higayon haNefesh haAtsouva*. Le premier groupe est celui qui régit les rapports entre Dieu et l'homme, le second entre l'homme et lui-même, et le troisième entre l'homme et son prochain. Les trois groupes intéressent la pensée (*mahashava*), le second, la parole (*dibbour*) et le troisième au niveau des actes (*maassé*). Cette présentation de Rabbi Abraham bar Hiyya Hanassi se distingue du schéma habituel qui divise les dix paroles entre deux groupes de cinq, ceux qui lient les rapports entre Dieu et les hommes, et ceux qui lient les rapports entre les hommes.

La symbolique du chiffre 3 se retrouve à plusieurs niveaux dans la Tradition juive. Tout d'abord, au niveau de la langue à travers la racine (*shoresh*) trilittère d'un mot en hébreu qui est composée de trois lettres. L'ensemble des préceptes qui régissent la vie juive (*mitsvoth*) sont divisés en trois catégo-

95. Rabbi Abraham bar Hiyya Hanassi (1070-1136) appelé Savasorda est un rabbin, kabbaliste et philosophe né à Barcelone et mort en Provence.

ries qui évoquent la classification des dix commandements de Rabbi Abraham bar Hiya Hanassi. Il y a ceux entre l'homme et l'identité humaine qui s'inscrit en lui (*ben adam léatsmo*), puis dans les rapports d'autrui à autrui (*ben adam lahavéro*), et enfin dans les rapports entre l'homme et son créateur (*ben adam lamakom*)[96]. Les prières quotidiennes sont aussi au nombre de trois : *Shahrith* le matin, *Minha*, à partir de la mi-journée et *Arvith*, le soir, en référence aux trois patriarches, Abraham, Isaac et Jacob. Dans la prière juive appelée *shmoné esré* ou *18 bénédictions*, formulée debout silencieusement, on retrouve l'expression suivante : « Dieu d'Abraham, Dieu d'Isaac, Dieu de Jacob. » On pourrait s'interroger sur le fait d'avoir répété le mot « Dieu » en le rattachant à chaque patriarche. Il aurait été plus simple de formuler l'expression en Dieu d'Abraham, d'Isaac et de Jacob ! La réponse s'inscrit dans une quête du divin propre à chacun des patriarches à travers trois modalités de l'Être. La miséricorde ou *hessed* pour Abraham est une modalité de l'Être qui est plus significative le matin, d'où son rattachement à la prière de *Shahrith*. La modalité du jugement est en lien avec le patriarche Isaac qu'on rattache à la prière de *Minha* dont la limite se situe juste avant la tombée de la nuit. Et enfin, Jacob exprime l'idée même d'harmonie, celle d'une espérance renouvelée, qui se rattache à la prière de *Arvith*, qui est effectuée le soir. La nuit dans la tradition juive est appréhendée comme le prélude au jour à venir.

L'année juive est rythmée par les trois fêtes de pèlerinage (*shalosh régalim*) : Pessah (Pâque juive), Chavouoth (Pentecôte juive), Souccoth (fête des cabanes). Il y a trois shabbat fonda-

96. Isaac dans la Bible illustre ce principe. Il est le seul des trois patriarches qui a un seul nom (*ben adam léatsmo*), une seule épouse (*ben adam lahavéro*) et qui a vécu dans une seule terre, celle d'Israël (*ben adam lamakom*, *makom* dans le sens de lieu à travers son appréciation littérale).

teurs dans la tradition juive : le premier est celui de la création, le second est celui de la révélation sinaïtique et le troisième sera celui de la rédemption. La Bible juive (*Tanakh*) est constituée de trois parties : Torah (Pentateuque), *Néviim* (Prophètes), *Kétouvim* (Hagiographes). La tradition rabbinique attribue trois niveaux à l'âme humaine dont les appellations sont : *nefesh*, *rouah*, *neshama*.

La mélodie du shofar est axée sur trois sonorités différentes. La *tékia* (long son ininterrompu désigné par la lettre *tav*), *shvarim* (trois sons moyens qui se succèdent et symbolisés par la lettre *shin*) et la *téroua* (un multiple de trois, neuf sons courts au minimum, saccadés qui sont représentés par la lettre *resh*). Les sonneries présentées se succèdent par groupe de sons qui doivent être entendus à trois reprises.

Le chiffre 3 constitue le quorum minimal, soit trois personnes nécessaires pour réciter la prière du *zimoun* avant les actions de grâce après le repas. Le trois est symbole d'un groupe harmonieux, d'une voie qui tend à concilier des forces opposées, mais évoque également la vie à travers la division ternaire en passé, présent et futur.

De manière plus générale, cette notion de vie symbolisée par le chiffre 3 se retrouve lors de la naissance du premier enfant dans un couple pour constituer une nouvelle entité familiale. Par analogie, on peut également retrouver cette évocation du chiffre 3 en médecine. Tout d'abord, dès la conception où le futur embryon est constitué à partir de trois feuillets embryologiques : l'ectoderme, l'endoderme, et le mésoderme. Le corps lui-même est constitué d'une structure triaxiale : tête - tronc - membres, que l'on retrouve à tous les niveaux, du sommet aux extrémités. Le visage est ainsi composé d'une structure triaxiale : les yeux, le nez et la bouche. Le membre supérieur (bras, avant-bras, main) ou le membre inférieur (cuisse, jambe, pied). À un stade inférieur, les phalanges qui composent les doigts d'une main ou les orteils du pied sont également sur le même mode triaxial (proximale, intermédiaire, distale). L'alimentation qui est nécessaire à la vie permet de définir trois types moléculaires : les glucides, les lipides, les protéines. À un stade encore plus inférieur, l'information génétique se définit par des séquences de trois bases ou nucléotides de la molécule d'ADN. Le chiffre 3 se retrouve ainsi dans le langage génétique, à travers cette séquence de trois bases que l'on nomme codon, qui est propre à l'un des vingt-deux acides aminés permettant la synthèse des protéines qui symbolise la vie par excellence.

Savoir créer du lien ou symbolique du chiffre 6

> *« Béréchit, nous l'avons appelé Parole (maamar). Les six jours naquit de ce dire premier et y furent tous contenus (béréchit = bara chit, soit il créa six. »*
> *Zohar Béréchit 31b*

> *« Béréchit : Il créa un Canal (bara chit), il s'agit du Canal (Séfira Malkhout) qui est la Source rassemblant toutes les sources pour alimenter les mondes. Le ciel : ce sont les six sources supérieures d'en-haut qui ont pour fonction de donner à ce Canal. »*
> Zohar, *Cantique des cantiques 62d*

Atteindre l'harmonie, c'est parvenir à un état de vitalité qui s'exprime par un équilibre entre le corps et l'esprit. Cette idée se retrouve autour de la sixième séfira appelée *Tifereth*, composée des lettres *tav-pé-aleph-resh-tav* qui viennent de la racine *péèr*, composée des lettres *pé-aleph-resh* qui, permutées évoque le verbe « guérir » *rapo* (*resh-pé-aleph*). L'homme fut créé le sixième jour selon le texte de la Genèse. Cette création constitue la fin de la création matérielle du monde. Mais la fin de l'acte créatif en soi ne se produit qu'à compter du septième jour, moment pendant lequel la dimension spirituelle est la plus manifeste. L'alliance de la matérialité et de la spiritualité correspond à l'harmonie du monde créé. Benjamin Gross explique que le monde matériel qui semble exister par lui-même, par sa force d'inertie cache en fait une dimension métaphysique. L'acte créatif tout au long du récit de la Genèse est symbolisé par la succession du mot *yéhi* (soit) qui est immédiatement suivi de *vayehi* (fut). À l'image de la première parole de Dieu : « Que la lumière soit, et la lumière fut. »

יהי
ויהי

La matérialisation de la parole créative est figurée par la lettre *vav* qui, de par sa forme représentant un trait vertical, établit un lien entre le bas et le haut, le matériel et le spirituel. En grammaire hébraïque, il y a deux types de *vav* : le *vav hahipoukh* (*vav* conversif) et le *vav hahibour* (*vav* de liaison). Le premier est une spécificité de la langue hébraïque qui permet de transformer un verbe décliné au passé en un futur ou inversement en y faisant simplement précéder la lettre *vav*. Cette forme grammaticale très utilisée dans le texte biblique amène à concevoir cette idée de gratitude constante dans la tradition juive[97]. La Bible enseigne à l'homme que l'existence n'est possible que grâce aux acquis de ceux qui nous ont précédés. Le second *vav*,

97. Le mot *yéhoudi* (juif en hébreu) vient d'une racine hébraïque qui exprime la notion de gratitude.

appelé de liaison, correspond à l'expression d'une conjonction non plus d'un temps mais entre deux éléments quelle qu'en soit l'origine. Le milieu de la Torah en lettres est étonnamment cette lettre *vav* qui se situe dans le mot *gahon*[98] (ventre), allusion au milieu du corps. La première occurrence du mot *gahon* est inscrite dans le livre de la Genèse[99], toujours à propos du serpent qui se trouve condamner à ramper après la faute originelle. « Dieu dit au serpent : Parce que tu as fait cela, tu es maudit entre tous les animaux et entre toutes les créatures terrestres : tu te traîneras sur le ventre, et tu te nourriras de poussière tous les jours de ta vie. » Le texte de la Torah retire le *vav* du mot *gahon* comme une allusion à son incapacité à se verticaliser. Le *vav* perdu est le reflet de l'ambiguïté d'un monde où l'homme n'est plus en mesure de différencier le bien du mal.

Avant la faute, Maïmonide[100] explique que l'homme est inspiré par la raison qui l'amène à différencier les catégories du vrai et du faux, mais après la faute, il devient structuré par les catégories du bon et du mauvais. L'homme passe ainsi de l'objectivité à la subjectivité. Il est dominé par la faculté qui s'applique aux opinions probables et par le plaisir de ses sens corporels. Désormais, la subjectivité affective qui le caractérise l'amène à transformer le bien en mal et inversement. La faute originelle a entraîné l'homme dans l'ère de l'ambiguïté.

Les textes de la sagesse juive tentent d'aider l'homme à sortir de cet état de fait pour retrouver l'identité primordiale, celle de l'unité des valeurs. Le *vav* (correspondance du chiffre 6 = 2×3) est le symbole de la transformation de la dualité vers la notion d'unité à l'image de la lettre aleph qui se décompose en

98. Lévitique 11,42. Verset qui évoque l'interdiction de manger les animaux qui rampent sur leur ventre.

99. Genèse 3,14.

100. *Guide des Égarés* I-2.

un *vav* et deux *youd*. Parvenir à l'unité dans un monde organisé autour de deux conceptions extrêmes de la vie. La Torah est la sagesse de cette voie médiane, cet équilibre entre le matériel et le spirituel. Chaque action personnelle peut infléchir le devenir du monde. Le Zohar[101] formule cette idée à travers l'expression : « Tout être est inclus dans un seul point. » Si tout n'est qu'un seul point, c'est qu'il existe une relation entre tout ce qui forme le monde. Abayé aborde cette approche de l'existence à travers la notion que rien ne se perd dans ce monde. Tout est lié, et tout est toujours récupérable, formidable espérance en l'avenir selon ce maître du Talmud. Acquérir des vertus pour influencer l'avenir de l'humanité, c'est l'enseignement de la lettre *vav*, symbole même du lien que l'on est capable d'instituer dans nos vies respectives.

Emmanuel Levinas raconte que son maître Chouchani était capable, au cours de ses leçons, de planter une aiguille à travers les pages d'un traité talmudique et d'en réciter les mots que l'aiguille avait transpercé. Mais Levinas ajoute que le génie de Chouchani ne résidait pas dans cette prouesse mais plutôt dans la capacité de faire le lien entre tous les mots énoncés. *Daat*, « la connaissance » en hébreu est la capacité pour un individu de faire le lien entre les choses. Cette approche se retrouve dans le mot *bina*, qui exprime l'intelligence d'où découle la compréhension et qui vient de la racine hébraïque *beine* qui signifie « entre ». Cette aptitude à créer du lien représenté par la lettre *vav* (six) est le chemin qui mène à l'équilibre, allusion au fait que la sixième *séfira* est celle qui porte le nom de *tifereth*, que l'on peut traduire par harmonie.

101. Cité par le Rav Kook dans son ouvrage *Oroth*, traduction en cours consultable sur le site internet : ravkook-lumieres.com.

Le chiffre 7 ou la conscience d'une présence métaphysique

> *« Dieu mit fin, le septième jour, à l'œuvre faite par lui; et il se reposa, le septième jour, de toute l'œuvre qu'il avait faite. Dieu bénit le septième jour et le proclama saint, parce qu'en ce jour il se reposa de l'œuvre entière qu'il avait produite et organisée. »*
> *Genèse 2,2-3*

> *« Sept choses demeurent cachées à l'homme et ce sont: le jour de sa mort, lejour de la consolation, la profondeur du jugement, personne ne sait ce qu'il y a dans le cœur d'autrui, un homme ne sait jamais par avance comment il parviendra à gagner sa vie, ni quand reviendra le royaume de la dynastie de David, ni quand disparaîtra le royaume des impies. »*
> *Traité Pessahim 54b*

Le 7 est le chiffre symbolique de la création[102] dont la première allusion apparaît dès le premier verset de la Genèse qui est composé de sept mots. Les actes successifs de la création durant six jours se clôturent par celle de la création de l'homme comme pour mettre en place les conditions favorables à son existence. L'homme fait son entrée juste avant le septième jour, le premier shabbat de l'histoire, symbole d'un moment propice d'accès à la vérité (*emeth*) comme le moyen de l'aider à percevoir cette présence métaphysique qui semble voilée. Le texte de la Genèse ne finit pas en ce septième jour de la création,

102. Dieu prononce « *ki tov* » sept fois dans le texte biblique. Le premier verset de la Torah est composé de sept mots.

à l'instar des autres jours par la phrase de conclusion : « Et ce fut soir et ce fut matin. » Une manière d'évoquer que le monde se situe encore dans cette phase du septième jour. Le shabbat est un temps qui diffère des six premiers jours comme une nouvelle dimension qui tend à dévoiler le projet biblique de la création[103]. La Kabbale va jusqu'à considérer que le shabbat est au centre de la semaine. Il succède à une série de trois jours, la semaine démarrant le quatrième jour (soit le mercredi) et qui précède une autre série de trois jours. Cette organisation temporelle est déduite du récit du commencement où les trois premiers jours sont l'expression d'une création statique (la lumière, le ciel et la mer, les végétaux[104]) et les trois jours qui suivent sont le reflet d'une création dynamique (les astres, les oiseaux et les poissons, les animaux et l'homme). Le shabbat est le symbole d'une nouvelle dimension, d'un temps qui n'est ni repos, ni mouvement, mais le signe de l'inscription d'une part spirituelle dans la création matérielle. Au-delà du visible, il y a une part non visible, cachée, voilée. Le corps humain est à l'image de cette dimension du monde, il ne peut se réduire à une superposition d'organes. Il y a quelque chose de l'ordre de l'invisible, que même la conscience méconnaît et qui anime les hommes pour les inciter à aller au plus profond d'eux-mêmes. Cette approche de la vie humaine peut paradoxalement être vécue comme une capacité à voir au-delà de l'être. Elle est source d'une force invisible qui conduit à un dépassement de

103. Le chapitre 1 de la Genèse raconte le récit des six jours de la création. Il finit par la lettre *youd*, initiale du mot Israël. Le chapitre 2 évoque le récit du septième jour. Si l'on analyse chaque septième lettre successive du chapitre 2, on retrouve les lettres : *shin*, *resh*, *aleph*, *lamed*. Jonction entre le 6 et le 7, entre la fin du récit de la création matérielle et celui de la dimension spirituelle, les cinq lettres (*youd*, *shin*, *resh*, *aleph*, *lamed*) formant le mot Israël, comme une allusion au sens de l'histoire, au projet biblique de la création.

104. Végétaux en germe avant leur éclosion qui se concrétise que le sixième jour.

soi. Le septième jour est le témoignage de cette infinie grandeur qui est à l'origine de la création. Le monde est rythmé dès l'origine autour du chiffre sept à travers les sept lois noahides[105] qui constituent le contenu d'une première alliance scellée entre le créateur et l'humanité.

La terre d'Israël, selon le texte de la Torah[106], doit également respecter ce cycle du chiffre 7 et se reposer tous les sept ans ; il s'agit de la règle de la jachère ou *shmita*. Cette règle rappelle le lien indéfectible entre l'homme et la nature, mais aussi cette limite qui s'impose à chacune des créations. L'homme tout comme la terre a besoin d'être rythmé par ce cycle de vie autour d'une action suivie d'un repos. La tradition juive n'envisage le repos que comme un moment mérité qui succède à la réalisation d'une action.

---

105. Voir l'article de Liliane Vana intitulé *Les lois noahides, une mini-Torah présinaïtique pour l'humanité et Israël* dans le numéro 52 de la revue *Pardès*, In Press, 2012.

106. Exode 23,10-11 : « Six années tu ensemenceras ta terre et en recueilleras le produit ; mais la septième, tu lui donneras du repos et en abandonneras les fruits, pour que les indigents de ton peuple en jouissent, le surplus pourra être consommé par les animaux des champs. »

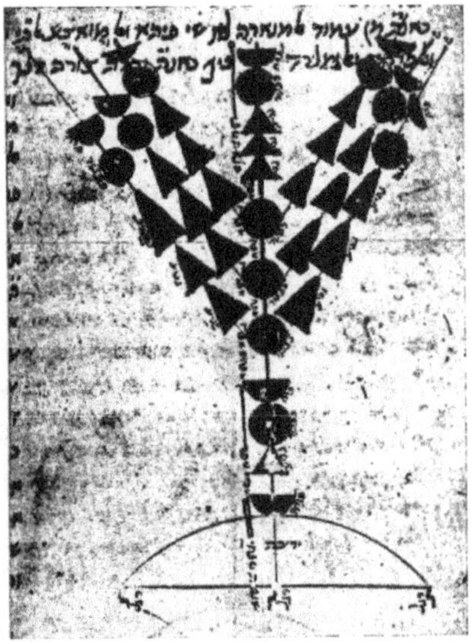

Croquis de Maïmonide sur le candélabre (*Ménora*) – *Mishné Torah*

On peut constater une alternance d'évocations aux chiffres 3, 6 et 7 dans le texte biblique et dans plusieurs symboles de la tradition juive. Le candélabre (*ménora*) ou chandelier à sept branches est un objet qui est organisé autour d'une branche qui se situe au milieu et trois de chaque côté. Il s'agit de la représentation de six flammes tournées vers une lumière intérieure.

On retrouve également lors de la fête de *souccoth* les six directions vers lesquelles on agite le *loulav*[107] (4 espèces) pour revenir en fin de compte au point de départ, celui de l'être véritable qui nous anime.

La première occurrence du mot *shévii* qui signifie « septième » est répétée trois fois sur deux versets[108] du livre

107. Quatre espèces, il s'agit d'un bouquet composé d'une tige de palmier, trois branches de myrtes, deux branches de saule et d'un cédrat.

108. Genèse 2,2-3.

de la Genèse. Job a eu sept fils et trois filles. Il y a sept fruits qui caractérisent la terre d'Israël. La Kabbale attribue aux dix commandements, trois paroles et sept voix[109].

Le *Sefer Yetsirah*[110] évoque sept doubles parmi les lettres de l'alphabet hébraïque que sont : *bet*, *guimel*, *dalet*, *kaf*, *peh*, *resh*, *tav*. Ils se différencient par un point au milieu appelé *daguesh*. Le monde est conçu autour de l'expression d'une dualité qui voit s'affronter deux extrêmes qui sont en fait des contraires à l'image de ces lettres doubles. « Ces doubles sont des contraires. Le contraire de la vie, c'est la mort ; le contraire de la paix, c'est le malheur ; le contraire de la sagesse, c'est la sottise ; le contraire de la richesse, c'est la pauvreté ; le contraire de la fécondité, c'est la stérilité ; le contraire de la grâce, c'est la laideur ; et le contraire de la domination, c'est la servitude. » Le monde est ainsi formé de sept extrémités autour de l'espace représenté par les six directions (le bas, le haut, l'est, l'ouest, le nord, le sud), et le temps à travers les sept jours de la semaine. Mais le sanctuaire, selon le *Sefer Yetsirah*, est « au milieu et les porte tous ». Il y a un chiffre 7 positif[111] et un chiffre 7 négatif. D'un côté la symbolique du 7 à travers tout ce que l'on vient d'énoncer de positif et de l'autre, l'impureté ou le mauvais penchant qui sont désignés par sept noms différents, ou encore les sept directions d'une armée en déroute selon le texte du Deutéronome[112]. Ce dualisme représenté par deux

---

109. Selon le *Livre de la clarté* ou le *Bahir*, lors de la promulgation de la Torah au Sinaï, le peuple a vu trois paroles et a entendu sept voix telles qu'elles ont été définies par le roi David dans les Psaumes.

110. Chapitre 4.

111. Il y a deux *shin* inscrits dans les *téfilines* (phylactères) de la tête (*rosh*), un *shin* à trois branches et un *shin* a quatre branches, soit au total sept branches représentant l'aspect positif du 7 comme le moyen de s'opposer à l'aspect négatif du 7.

112. Deutéronome, chapitre 28.

visions extrêmes de la vie ne doit pas être vécu comme une tragédie, ni comme un découragement vis-à-vis de l'existence mais comme la volonté d'orienter sa vie vers un idéal basé sur cette voie médiane.

La lettre *Noun* ou la cinquantième porte

נ

La lettre *noun* est la quatorzième[113] lettre de l'alphabet hébraïque et sa correspondance numérique est le 50, ce qui la rattache aux cinquante portes de l'intelligence (*bina*) évoquées dans le Talmud[114]. « Cinquante portes de la *bina* furent créées dans le monde et toutes, sauf une, furent données à Moïse ; il est dit en effet (Psaumes 8,6) : « Il l'a fait manquer de peu par rapport à Élohim ». La *bina* vient de la racine hébraïque *beine* qui signifie « entre ». L'intelligence est vue dans la tradition juive comme la capacité à faire des liens entre les sagesses. L'œuvre d'une vie est de parvenir à franchir les portes de la *bina*, de l'intelligence, du discernement pour tenter d'atteindre la cinquantième porte ou *shahar hanoun*. Mais l'homme, de son vivant, à l'instar de Moïse, ne peut parvenir qu'à la quarante-neuvième porte car le cycle du temps dans le monde repose sur le chiffre 7. Le sept-*adar* qui correspond à la date

113. Référence au chiffre 7, 14 ou 2x7.

114. Rosh Hashana 21b et Nédarim 38a. Le mot *kol* en hébreu qui exprime la totalité s'écrit avec *kaf* et *lamed* et a pour valeur numérique le nombre 50.

de naissance et de décès de Moïse ne préfigure-t-il pas cette allusion à ce processus cosmique rythmé par ce chiffre ?

Le monde n'est monde qu'à partir du moment où l'homme est créé

Rosh Hashana, qui célèbre la nouvelle année, a lieu le septième mois. Le premier mois de l'année juive selon le texte de la Torah est Nissan. C'est ainsi que le mois de *Tishri* est le septième mois. Difficile de comprendre que le mois de *Tishri* qui célèbre le début de l'année n'est pas réellement le premier mois. Il faut y voir la symbolique de ce que représente Rosh Hashana. Il ne s'agit pas d'une simple festivité autour de la nouvelle année du calendrier mais plutôt la célébration de l'anniversaire de la création du premier homme. L'objectif de Rosh Hashana, c'est d'être capable de se renouveler afin de gravir les portes de la *bina*, de l'intelligence, du discernement. Rosh Hashana est aussi appelé anniversaire de la création du monde ou, plus littéralement, de l'enfantement du monde (*harat olam*) alors qu'il s'agit effectivement de la naissance d'Adam, comme pour rappeler que le monde n'est monde qu'à partir du moment où l'homme a été créé. Cette vision d'un anthropocentrisme fonde le texte de la Torah.

La fête de Pessah qui célèbre la sortie d'Égypte est séparée par sept semaines, soit 49 jours du don de la Torah (*Matane Torah*), de la fête de Chavouoth[115] qui représente la célébration du cinquantième jour. Dans les communautés juives à

115. Chavouoth, la fête des semaines, en référence aux sept semaines. Le Traité talmudique Chavouoth est composé de 49 pages recto verso. Le terme de Pentecôte vient du grec ancien qui signifie célébration du cinquantième jour.

travers le monde, on procède à une lecture du *Traité des Pères*, à raison d'un chapitre par shabbat, ce qui permet de faire la lecture complète du traité avant la fête de Chavouoth. Chaque étude de chapitre est précédée de la lecture d'un texte issu du traité Sanhédrin 11-1 qui rappelle que tout Israël à part au monde à venir. La morale et l'éthique ne se contentent pas d'inciter à encadrer ses propres actions dans ce monde-ci, mais véhiculent une sainteté qui vise à accéder au monde à venir. Cette période de 49 jours qui précède Chavouoth est appelée *omer*, en référence à l'offrande apportée au Temple à compter du lendemain de la fête de Pessah pour célébrer les prémices de la moisson évoquée dans le Lévitique 23,10. L'offrande du lendemain de Pessah était à base d'orge et, après la période des 49 jours, une nouvelle offrande était apportée mais à base de blé. La symbolique de l'orge évoque une libération exclusivement physique à travers la sortie d'Égypte qui doit se parachever par une libération spirituelle lors de la fête de Chavouot, allusion cette fois au blé, qui constitue l'alimentation spécifique de l'homme. Cette période intermédiaire de 49 jours ressemble à un crépuscule qui s'inscrit dans une vulnérabilité d'un temps qui oscille entre danger et réussite. Le peuple qui s'apprête à recevoir collectivement la Torah doit envisager l'événement dans une unité, symbole d'un idéal de vie à accepter. C'est l'absence d'unité qui reste la source principale d'un danger qui guette le peuple d'Israël.

La période du *omer* est vécue comme un deuil à cause du décès des 24 000 élèves de Rabbi Akiva, qui représentaient la principale force vive des troupes de Bar Kohba dans le dernier soulèvement des habitants de la Judée contre l'occupant romain en 132 après J.-C. La tradition rabbinique considère que l'origine de la défaite et du décès des élèves de Rabbi Akiva n'est autre que l'absence de fraternité entre eux. La discorde, la division sont sources d'échec et de destruction.

On évoque aussi l'idée d'une épidémie (*maguéfa*) frappant les élèves, qui cessera le trente-troisième jour du *omer* (*Lag Baomer*), qui correspond au 18 iyar dans le calendrier hébraïque. Ce nombre 18 évoque en hébreu la vie, à travers la correspondance numérique du mot *hay*, dont les deux lettres qui le composent, *heth*-8 et *youd*-10 permettent d'arriver à 18. Ce trente-troisième jour est célébré dans les communautés juives au cours duquel les règles de deuil instaurées durant la période du *omer* cessent. Il est également le jour de commémoration (*Hiloula*) du décès de Rabbi Shimon bar Yohaï, inspirateur de la tradition de la Kabbale. Cette journée est ainsi vécue comme la révélation de l'intériorité de la Torah, comme celle de l'éternité d'un peuple malgré la défaite physique. La Kabbale est alors perçue comme la source d'une unité retrouvée.

La période du *omer* évoque une forme de préparation spirituelle qui s'inscrit dans la même démarche que le franchissement des 49 portes de l'intelligence évoqué à propos de Moïse. Elle oscille entre renforcement de la liberté acquise à Pessah ou son contraire la mise en échec, le deuil. On retrouve cette succession dans le calendrier des événements fondateurs de l'État d'Israël qui sont célébrés justement dans cette période transitoire : Yom *Hazikaron*, jour du souvenir en hommage des soldats morts au combat et de toutes les victimes de la haine, fixé le 4 *iyar* et *Yom Haatsmaout*, célébré le lendemain, le 5 *iyar* qui marque les festivités de l'indépendance de l'État d'Israël. Du deuil à la joie, des ténèbres à la lumière, de la servitude à l'affranchissement, l'harmonie de l'unité d'un peuple est un idéal nécessaire à sa survie.

Le Maharal de Prague développe la temporalité successive autour du chiffre 7 dans son ouvrage *Or Hadash*. Il explique que cette symbolique se manifeste à travers les sept jours de la semaine, puis les sept années qui constituent la règle de la jachère ou *shemita*, puis ensuite les sept cycles de *shemita* (7×7 = 49 années) pour aboutir au jubilé ou *yovel* qui correspond à la cinquantième année. Enfin, l'existence totale du monde est destinée à s'étendre sur sept mille ans. La règle de la *shmita* vise à laisser la terre au repos tous les sept ans selon le texte de l'Exode 23,10-11 : « Six années tu ensemenceras ta terre et en recueilleras le produit ; mais la septième, tu lui donneras du repos et en abandonneras les fruits, pour que les indigents de ton peuple en jouissent, le surplus pourra être consommé par les animaux des champs. » La règle du jubilé ou *yovel* est inscrite dans le Lévitique 25,10-17 : « Vous sanctifierez cette cinquantième année, en proclamant, dans le pays, la liberté pour tous ceux qui l'habitent : cette année sera pour vous le Jubilé, où chacun de vous rentrera dans son bien, où chacun retournera à sa famille. La cinquantième année est le jubilé, elle le sera pour vous : vous ne sèmerez point, vous n'en couperez point les produits, ni n'en vendangerez les vignes intactes, parce que cette année est le jubilé et doit vous être une chose sainte. C'est à même le champ que vous en mangerez le produit. En cette année jubilaire, vous rentrerez chacun dans votre possession... »

Cette modalité cyclique du monde autour du chiffre 7 amène à entrevoir l'impossibilité pour l'homme d'atteindre la cinquantième porte tout en restant en vie. Les textes de la Kabbale vont jusqu'à prétendre que cette porte ne fait donc pas partie de ce monde, mais du monde à venir. Sa lumière est si intense que l'âme se retirerait du corps de l'homme pour rejoindre son créateur ainsi qu'il est écrit dans le Cantique des Cantiques[116]: « mon âme sortit pendant qu'il parlait ». Il faut tendre vers un idéal qu'il est impossible d'atteindre totalement de son vivant. Même Moïse le grand plus grand prophète de la tradition juive n'a pu y accéder de son vivant comme le développe Maïmonide dans le septième chapitre du *Traité des Huit Chapitres*. Il explique que l'enveloppe corporelle du prophète était le dernier obstacle à la connaissance de Dieu.

Obstacles à la connaissance de Dieu selon Maïmonide

Enveloppe corporelle (matière)

Dispositions intellectuelles

Dispositions morales

Les multiples interrogations de l'homme sur le mystère qui l'entoure

Le chemin à arpenter dans la vie peut être difficile, voire complexe. Il amène l'homme à s'interroger, sans cesse, sur le mystère qui l'entoure. Moïse a rythmé sa vie pour atteindre la connaissance de Dieu symbolisée par le *shahar hanoun*. La prophétie s'entend par le vocable *nava* (נבא-*Noun-Beth-Aleph*) comme le chemin (aller-בא) vers le *noun* (נ). Moïse est monté sur le mont Névo[117] allusion au dernier jour de sa vie où il parvient au dernier degré de l'intelligence (*bina*). Le mot « Névo » que l'on décompose en *bo* (*Beth-Vav*) et *Noun*, signifie « arrivé au *Noun* » symbole de cet objectif enfin atteint.

116. Cantique des Cantiques 5, 6.

117. Deutéronome 34,1.

Le Talmud[118] évoque cette réflexion sur l'accès à la sagesse du prophète Moïse. On peut lire ainsi dans le Talmud Nédarim[119] : « Rav et Shmuel ont dit : cinquante portes de l'intelligence ont été créées dans le monde et toutes furent données à Moïse, sauf une, comme il est dit : Il l'a fait manquer de peu par rapport à Élohim[120]. » Henri Atlan dans le premier tome de son ouvrage *Les Étincelles de hasard* explique que la cinquantième porte, référence à la notion de jubilé, contient toutes les portes et ouvre sur une autre dimension, celle de la sagesse infinie elle-même. Il fait le lien entre la demande de Moïse de voir « la gloire de Dieu » dans le livre de l'Exode[121] et l'accès partiel à sa requête. Moïse ne pourra voir de son vivant que « l'arrière de Dieu[122] ». Le souhait du prophète ne peut être que partiellement exaucé selon Maïmonide du fait de la constitution même de sa condition humaine à travers son enveloppe corporelle. C'est ce qui induit la réponse divine : « Tu ne saurais voir ma face ; car nul homme ne peut me voir et vivre[123]. » Le Zohar[124] évoque la notion d'une tête qui ne se fait pas connaître selon la formulation « *reisha délohityéda* » au sommet de la structure des séfiroth. Selon Henri Atlan, cette tête est inconnaissable parce qu'elle donne lieu à une infinité de doutes représentant le monde infini des possibles. « Cette connaissance supérieure de Moïse, c'est donc la connaissance infinie, qui ne peut être que celle d'un infini de possibles aux yeux d'un homme forcément fini ; c'est-à-dire une connaissance, qui connaît l'ignorance. »

118. Traité Nédarim 38a et Traité Rosh Hashana 21b.
119. Traité Nédarim 38a.
120. Psaumes 8,6.
121. Exode 33,18. « Moïse reprit : Découvre-moi donc ta Gloire. »
122. Exode 33,23.
123. Exode 33,20.
124. Zohar, *Haazinou, Idra Zoutra.*

L'incommensurabilité du divin qui se reflète dans l'infinitude des significations du texte de la Torah est un encouragement perpétuel à l'étude même s'il s'avère qu'elle sera en fin de compte le constat d'une perception qui restera très limitée.

« J'ignore, donc je pressens »

Laurent Cohen[125] explicitant la pensée de Rabbi Nahman de Bratslav a cette belle formule : « J'ignore, donc je pressens. » Il poursuit ainsi : « Je m'immerge plus profondément dans l'océan divin pour mieux réaliser qu'il est sans fond... » Il ne s'agit donc pas de se réfugier derrière cette irréductible ignorance, mais au contraire de l'envisager comme un chemin qui conduit vers une espérance renouvelée amenant l'homme à ne jamais renoncer à aucun effort pour accéder à la connaissance. Ce raisonnement découle entre autres de cette allégorie décrite dans le Talmud[126] où Moïse assiste à un cours de Rabbi Akiva et constate qu'il ne connaît pas les enseignements que ce dernier cite en son nom : « loi donnée à Moïse au Sinaï - *Halakha léMoshé miSinaï* ». Véritable paradoxe de cette parole transmise et interprétée, comme le formule Betty Rojtman[127] : « Tout a déjà été dit à Moïse au Sinaï, et pourtant tout est encore à commencer. » Elle poursuit en expliquant que la Torah fonctionne comme un texte déictique qui manifeste sa propre attente dans une actualisation à venir. La connaissance se situe dans un processus de pensée en mouvement, dans lequel chaque génération apporte sa puissance enrichissante. La *séfira netsah* est rattachée au

125. Laurent Cohen, *Le Maître des frontières incertaines*, Rabbi Nahman de Bratslav, Seuil, 1994.

126. Traité Ménahot 29b.

127. Betty Rojtman, *Feu noir sur feu blanc, essai sur l'herméneutique juive*, Verdier, 1986.

personnage de Moïse qui symbolise l'éternité d'Israël, allusion au fait que le rythme du peuple d'Israël n'est pas celui du soleil dans lequel il y a une naissance, un apogée, puis un déclin et une fin, mais celui de la lune, qui représente l'idée d'un renouvellement permanent. On retrouve cette conception à travers le fait que le 7 *adar* est en même temps le jour de la naissance mais aussi celui de la mort de Moïse. L'histoire peut continuer à s'écrire quand la vie et la mort se confondent, une forme d'éternité ou une manière d'expliquer que la fin de l'année n'est jamais célébrée dans la tradition juive alors qu'il existe quatre débuts d'années, reflet de ce renouvellement permanent qu'elle entend encourager.

Noun symbole de la chute ou le chemin vers une espérance renouvelée ?

Josué, le prophète qui succède à Moïse, est fils de *Noun*. À son propos, le texte du Deutéronome évoque un homme « plein de l'esprit de sagesse[128] ». Le nom du père de Josué est une allusion à la cinquantième porte représentée par la lettre *noun*. Mais cette lettre peut aussi inspirer quelque chose de négatif car elle est l'initiale du mot *néfila* qui signifie « la chute ». Il y a donc une forme d'ambivalence à propos du *noun,* qui peut évoquer la louange à travers le qualificatif hébraïque de *nava* mais aussi quelque chose de redoutable à travers le terme hébraïque de *nora*. Selon ce même raisonnement, on peut dire qu'il y a cinquante portes de la sagesse d'un côté, et cinquante degrés d'impureté de l'autre. Le peuple d'Israël en Égypte avait atteint un tel niveau d'égarement qu'il était au quarante-neuvième degré d'impureté. S'il avait atteint le cinquantième

128. Deutéronome 34,9.

degré, il aurait rejoint le niveau du monde avant le déluge où l'idée de repentance n'est plus possible.

Le roi David a rédigé le psaume 145 en faisant en sorte que la première lettre de chaque verset respecte l'ordre de l'alphabet hébraïque, mais a occulté la lettre *noun*. Selon Rabbi Yohanan[129], la raison de cette omission est en lien avec le fait que la lettre *noun* serait une allusion aux tragédies du peuple juif. Cette idée a trait à la prophétie d'Amos citée dans le verset 2 du chapitre 5 où le verset commence par la lettre *noun* : « Elle est tombée et ne se relèvera plus, la fille d'Israël ». Bien que de nombreux versets évoquent les tragédies d'Israël, aucun ne mentionne une chute sans espoir de redressement. C'est justement ce type de catastrophe que le roi David souhaite éloigner de l'histoire de son peuple, il retire symboliquement la lettre *noun* de son psaume pour transmettre un message d'espérance. Il s'agit d'une façon d'éloigner toute allusion aux tragédies d'Israël, tout en voulant transmettre l'idée qu'aucune chute n'est irréversible.

Noun inversé ou le reflet d'un signe pour les générations

Le *noun* inversé correspond à la lettre *noun* avec une ouverture à droite. Il est appelé en hébreu *noun hafoukha*. Cette lettre inversée apparaît trois fois dans le texte biblique. La première occurrence est rappelée par Rachi à propos d'un verset de la Genèse[130] dans lequel le nom de la ville de Haran est écrit avec le *noun* inversé. Il s'agit de la ville de Carrhes, au sud-est de la Turquie actuelle, dans laquelle le père d'Abraham mourut. Sans

129. Traité Bérakhoth 4b.

130. Genèse 11,32.

cette remarque de Rachi, il serait difficile de constater ce mode d'écriture du *noun* dans ce verset car il ne s'est pas généralisé. Il est resté l'apanage de certaines traditions. Rachi nous explique que l'emploi de cette lettre *noun* inversé dans le mot *Haran* est une allusion au fait que, jusqu'à l'époque d'Abram[131], la colère divine (*haron*[132]) ébranlait le monde. Ce n'est qu'avec Abraham que le processus de réparation du monde (*tikoun olam*) trouve sa pleine potentialité. Les deux occurrences suivantes du *noun* inversé se trouvent dans le texte des Nombres, mais cette fois la lettre ne se trouve pas au sein d'un mot. Elle est utilisée pour distinguer deux versets du reste du texte, comme une forme de mise entre crochets qu'évoque d'ailleurs l'aspect de la lettre. Il s'agit des versets 35 et 36 du chapitre 10 qui évoquent le contexte du transport de l'arche (tabernacle) dans le désert. « Lorsque l'arche partait, Moïse disait : Lève-toi, YHVH! Afin que tes ennemis soient dissipés et que tes adversaires fuient de devant ta face! Et lorsqu'elle faisait halte, il disait : Reviens siéger, YHVH, parmi les myriades des familles d'Israël ! »

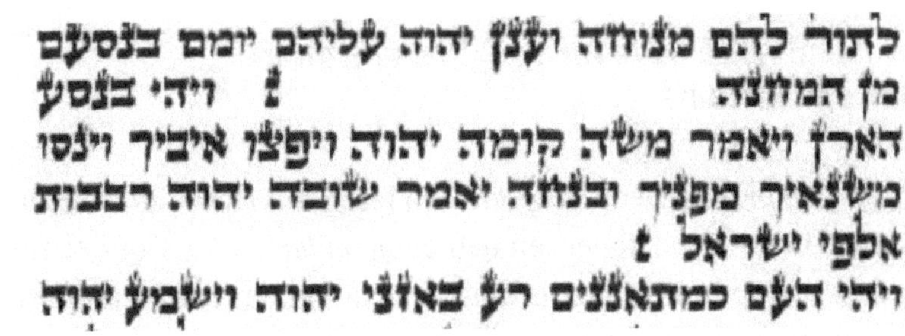
לתור להם מנוחה וענן יהוה עליהם יומם בנסעם
מן המחנה ׆ ויהי בנסע
הארן ויאמר משה קומה יהוה ויפצו איביך וינסו
משנאיך מפניך ובנחה יאמר שובה יהוה רבבות
אלפי ישראל ׆
ויהי העם כמתאננים רע באזני יהוה וישמע יהוה

131. Abram, nom de naissance d'Abraham auquel Dieu va rajouter la lettre *hé* pour former le nom d'Abraham, en lui précisant qu'il sera le père d'une multitude de nations (*av hamon goyim*) selon le texte de la Genèse 17,5.

132. *Haron*, colère en hébreu, s'écrit avec les mêmes lettres (*Heth-Resh-Noun*) que le mot *haran*.

Rachi explique que les deux *noun* inversés, placés entre les deux versets, visent à informer le lecteur que ce passage ne se trouve pas à sa place réelle. Selon le Traité Shabbat 116a, ces deux versets devraient être situés au chapitre 2 des Nombres à la suite du verset 17. C'est en effet dans ce chapitre que la Torah décrit l'ordre avec lequel s'organisait la progression des tribus dans le désert. L'arche se trouvait juste derrière la tribu de Ruben qui était précédée de celle de Juda qui se trouvait en tête du cortège. Selon Rabeinou Behayé[133] qui suit le point de vue de la majorité des rabbins du Talmud, le choix de la lettre *noun* est une allusion au fait que le passage était originellement situé cinquante sections en arrière. Rabbi Yéhouda Hanassi, le rédacteur de la Mishna ne partage pas le point de vue de la majorité des rabbins. Il soutient que le texte est bien à sa place et qu'il suit parfaitement la trame du récit biblique. Les *noun* inversés ne sont là que pour séparer le texte du reste du livre afin d'expliquer que cette petite section à deux versets est un livre à part entière. Il y a donc trois livres dans le livre des Nombres, ce qui totalise à sept les livres de la Torah et non à cinq (Pentateuque) comme dans le décompte classique. Il s'agit d'une référence au livre des Proverbes 9,1 où l'on peut lire que « la sagesse s'est bâti une maison, elle en a sculpté les sept colonnes ».

Cette discussion talmudique se trouve insérée dans une controverse qui entend définir un livre. Partant du raisonnement de Rabbi Yéhouda Hanassi, le Talmud[134] considère qu'un livre est un texte qui contient 85 lettres, nombre exact

133. Rabeinou Béhayé, de son vrai nom Rabbi Bahya ben Asher (1255-1340), grand commentateur de la Bible, élève de Rabbi Shlomo ben Aderet (Rashba).

134. Shabbat 115ab.

des lettres qui composent les deux versets qui nous intéressent. 85 est aussi la correspondance numérique du mot *péh* (*pé-80 et hé-5*) en hébreu qui signifie « bouche ». Un texte est considéré comme un livre à partir du moment où il est l'expression d'une parole capable d'inspirer des commentaires, de faire parler, de renouveler ainsi la pensée et d'assurer sa transmission. Reste notre interrogation sur le déplacement de ces deux versets selon l'opinion majoritaire des rabbins du Talmud. Cette construction du texte aurait eu pour but d'établir une interruption entre deux actions considérées comme fautives du peuple d'Israël, ses rédacteurs ne souhaitant pas les mentionner de manière successive. La première est évoquée, juste avant le passage en question, dans le verset 33 du chapitre 10 du livre des Nombres : « Et ils firent, à partir du mont de YHVH, trois journées de chemin ; l'arche d'alliance de YHVH marcha à leur tête l'espace de trois journées, pour leur choisir une halte. »

Rabbi Hama ben Hanina explique que le peuple s'est détourné de son Dieu moins de trois jours après avoir levé le camp au Mont Sinaï. Pour éviter qu'un tel comportement ne se renouvelle, il a été institué une lecture publique, le lundi, le jeudi et le samedi dans toutes les communautés juives à travers le monde. La deuxième attitude considérée comme fautive est celle des gémissants (*mitonénim*) relatée au début du chapitre 11 des Nombres, qui exprimait les plaintes d'un peuple se sentant fatigué par le voyage. Il s'exclamait : « Malheur à nous ! Comme Il nous a fatigués sur ce chemin ! Cela fait trois jours que nous ne nous sommes pas reposés des fatigues du voyage ! » Il ne s'agit pas pour Rachi d'une simple plainte mais d'un prétexte pour se séparer de Dieu. Maïmonide[135], de son côté, expliquant

135. *Guide des Égarés*, première partie, chapitre 36.

le sens des anthropomorphismes dans la Bible, considère que cette fatigue n'est que le reflet d'une nostalgie de la vénération des idoles égyptiennes. La colère de Dieu est selon lui la preuve qu'il s'agit bien d'idolâtrie. « Le feu de YHVH sévit parmi eux, et déjà il dévorait les dernières lignes du camp[136]. » Mais le peuple implora Moïse qui pria Dieu et le feu s'éteignit. L'insertion des deux versets séparés par les *nouns* inversés est le reflet de la clémence divine. Elle encourage l'homme à s'élever, à se sublimer, à s'orienter vers une forme de *catharsis* de la vie intérieure pour percevoir l'éclat de la vérité.

Dévoilement de l'unité originelle

« Écoute, Israël : YHVH est notre Dieu, YHVH est un ». Rachi commente ce verset du Deutéronome[137] en expliquant que YHVH qui est notre Dieu, maintenant, et non celui des nations, deviendra un jour « YHVH Un », ainsi qu'il est écrit : « car alors je changerai les peuples pour qu'ils adoptent un langage clair (*safa beroura*[138]) et qu'ils proclament tous le Nom Un ». Nous sommes déjà au début de cette ère puisque les trois principales religions monothéistes s'accordent à penser qu'elles prient le même Dieu. La connaissance - serait-elle ce langage clair qui amènera à ce que tous les peuples proclament le Nom Un ?

Nous pouvons constater que les découvertes scientifiques du siècle dernier et de ces vingt dernières années nous amènent à constater l'unité du vivant. C'est le cas du développement embryonnaire, où l'on peut observer qu'à partir d'une cellule,

136. Nombres 11,1.

137. Deutéronome 6,4.

138. Sophonie 3,9.

on arrive à la formation d'un être aussi complexe que l'être humain. Comme l'explique Claude Bernard, chacun de nous a commencé sa vie sous la forme d'une cellule, l'œuf, et comment se peut-il, s'interroge François Jacob, que de cette cellule unique, isolée, surgissent les constituants du corps de l'adulte, faits de nombreux milliards de cellules harmonieusement ordonnées pour former des organes aussi différents et complexes, que le cerveau, les membres, les yeux ou la face? Cette unité des origines de l'espèce humaine se retrouve dans la stratégie du développement embryonnaire qui s'organise autour de trois feuillets chez tous les vertébrés. La découverte de l'ADN par Crick et Watson confirme de nouveau cette unité commune à tous les êtres vivants. Ils décrivent le 25 avril 1953 une molécule en double hélice qui renferme le patrimoine génétique de tous les êtres vivants. La molécule d'ADN est représentée par 4 bases chimiques formant à travers un ordre séquentiel le support génétique de tout être vivant. Ils expliquent que « l'ADN est la preuve indiscutable de l'unité du vivant, tout en étant à l'origine de la vie et de la grande diversité. La capacité d'autoreproduction de l'ADN associée à celle de se diversifier est donc responsable de la genèse des êtres passés, présents et futurs ».

On constate une similitude entre l'expression de Crick et Watson et celle qui émane des textes de la Kabbale qui tentent à unifier le passé, le présent et le futur. YHVH couramment traduit par « l'Éternel » est composé de quatre lettres qui évoquent les trois temps, *haya* (passé), *hové* (présent) et *yihyé* (futur). Les lettres du Tétragramme qui sont à l'origine de toutes les créatures vivantes selon la Kabbale rappellent la structure des quatre bases de l'ADN. Cette unité se retrouve également dans le fonctionnement des organismes multicellulaires à travers le renouvellement permanent de nos cellules, qui n'est rendu possible que par la présence de cellules embryonnaires indifférenciées appelées cellules souches, qui sont en réserve dans chaque tissu. Elles assurent l'équilibre entre mort des cellules et vie des tissus. Brenner, Horvitz, Sulston ont obtenu le prix Nobel de médecine en 2002 en décrivant les mécanismes régulateurs des cellules souches. Cette unité dévoilée doit être le moteur de cette harmonie qui mène à la conscience d'être.

Conclusion

« Le secret des secrets a été transmis à ceux qui ont le cœur sage. »
Zohar Béréchit 81a, Sitré Torah

« Il est difficile de dire la vérité, car il n'y en a qu'une, mais elle est vivante, et a par conséquent un visage changeant. »
Franz Kafka, *Lettres à Milena*

L'homme est un être en devenir. Il apprend à se connaître tout au long de sa vie. Il s'agit d'un long processus qui l'amène à une conscience d'être. Cette idée de la sagesse juive s'oppose à une philosophie qui place l'existence humaine dans une dimension matérielle exclusive ou au contraire dans l'unique acte de penser. « Je pense donc je suis », écrivait Descartes. Cette approche considère comme acquise la conscience d'exister et amène à appréhender le temps non comme une finalité mais comme un moyen d'occuper ses jours. La conscience d'être s'acquiert avec le temps. Elle s'organise autour de la connaissance et de l'expérience des choses. Elle s'inscrit dans une démarche de confiance optimiste en l'avenir qui se fonde sur la formule du Nom divin révélé à Moïse : « Je serai ce que Je serai[139]. » Un message clair à l'homme, comme une forme de

139. Exode 3,14.

programme. Il devient ce qu'il entreprendra pour rehausser la matière et réparer le monde. Une option qui ne s'organise qu'autour d'un système d'unification des actes de la vie matérielle et spirituelle. Elle entend répondre à des aspirations non exclusivement rationnelles pour mener les hommes vers une vie empreinte de sérénité qui se concrétise par le bonheur d'être. La première occurrence biblique du mot *ocher* - qui exprime le bonheur en hébreu - se trouve dans la Genèse[140]; il y est décliné dans sa forme possessive à propos de Léa qui annonce la naissance d'un nouvel enfant qu'elle nomme Acher. Elle dit : « dans mon bonheur (*ochri*), car les filles m'appelleront heureuse (*icherouni*) et elle appela son nom Acher ». Le bonheur dans ce passage biblique est rattaché à la naissance, au don de la vie qui symbolise l'acte d'altérité par excellence ou encore le rapport à la transmission, à la collectivité. Il n'est nullement question d'envisager le bonheur comme un projet temporel infini empreint d'individualisme, mais plutôt comme l'expression d'une démarche collective qui impose le souci d'autrui. La pensée biblique rattache l'existence à une quête intérieure qui s'inscrit dans un concept générationnel. Elle trouve son origine dans l'expression : « Tu choisiras la vie afin que tu vives, toi et ta descendance[141]. »

Choisir la vie, c'est l'inscrire dans un processus d'individuation qui s'organise dans une démarche collective de transmission.

Choisir la vie, c'est accepter tout ce qui la compose : ses moments de joie mais aussi de doute, de tristesse ou d'appréhension.

140. Genèse 30,12.

141. Deutéronome 30,19.

Choisir la vie, c'est la conviction qu'il y a un chemin qui mène vers l'harmonie, une quête de sens qui aboutit à la vérité. Il n'est pas question de l'appréhender comme une injonction au bonheur qui n'est rien d'autre que le reflet d'une société refusant toute forme de limites, une époque où règne une confusion telle que l'on n'est plus en mesure de distinguer le faux du vrai. Ben Zoma, l'un des maîtres du Talmud, a dit : « Qui est riche ? Celui qui se réjouit de sa part, comme il est écrit dans les Psaumes[142] : Lorsque tu te nourris du labeur de tes mains, c'est un bonheur et un bien pour toi. » Rabbi Hayyim de Volozhyn a cette belle formule pour interpréter ce passage : « Seul celui qui se réjouit de sa part, sans en désirer davantage, est riche par lui-même. » N'est-ce pas là, dans le contentement de sa part, qu'il faut voir la source du bonheur ? Mais il poursuit en expliquant que le fait de se réjouir de son sort est une tâche compliquée, car il est dans la nature de l'homme de ne jamais se contenter de ce qu'il possède. Cette frustration se retrouve dans cette quête effrénée de bonheur. Serait-on en mesure d'appréhender la vie autrement ? « On ne connaît pas son bonheur. On n'est jamais aussi malheureux qu'on croit », écrit Marcel Proust dans *À la recherche du temps perdu*. Prendre conscience des réalités positives de son quotidien est en soi une satisfaction qui suffirait à combler un esprit même tourmenté. Tout dépend où l'on place le curseur de la vie, comme l'explique Maïmonide dans le *Traité des Huit Chapitres*.

Choisir la vie, c'est l'inscrire dans une unité qui vise à concilier ce que la raison pense être inconciliable, à l'image des deux principaux attributs divins du texte de la Bible : *Élohim* et YHVH : *Élohim*, l'attribut de rigueur qui se perçoit dans les

142. Psaumes 128,2.

lois de la nature et YHVH, le nom divin par excellence qui est le reflet de la miséricorde. Le déterminisme d'un côté, et la liberté de l'autre, la réalité et la vérité, l'objet et le sujet, le quantitatif et le qualitatif, le corps et l'esprit, le conscient et l'inconscient, autant de principes qu'il faut unifier pour trouver le chemin de l'harmonie. Cette unité mènera l'homme à la liberté authentique. Ce jour-là (*bayom hahou*)[143], il n'y aura plus de détermination et les voiles qui empêchaient de percevoir la lumière auront disparu, laissant l'homme la contempler avec un bonheur immense.

143. Isaïe 2,11 : « YHVH seul (*lévado*) sera exalté ce jour-là. » Le Maharal de Prague, commente ce verset en expliquant que « seul » évoque la présence unique et exclusive de YHVH, l'attribut de la miséricorde au profit de toute forme de détermination que représente l'attribut de rigueur.

Bibliographie

Aggadoth du Talmud de Babylone, La source de Jacob, Ein Yaakov, traduit et annoté par Arlette Elkaïm-Sartre, Verdier, 1983.

Henri Atlan, *Les étincelles de hasard*, 2 tomes, Seuil, 1999 et 2003.

Henri Atlan, *À tort et à raison, intercritique de la science et du mythe*, Seuil, 1986.

Henri Atlan, *Entre le cristal et la fumée, Essai sur l'organisation du vivant*, Seuil, 1979.

Le Bahir, livre de la clarté, traduit de l'hébreu et de l'araméen par Joseph Gottfarstein, Verdier, 1983.

Hayyim-Nahman Bialik, *Halakha et Aggada*, Éditions de l'Éclat, 2017.

Martin Buber, *Fragments autobiographiques*, traduit de l'allemand par Robert Dumont, introduction et notes de Dominique Bourel, Stock, 1985.

Abraham Cohen de Herrera, *Le portail des cieux*, traduit et présenté par Michel Attali, Éditions de l'Éclat, 2010.

Hermann Cohen, *L'éthique du judaïsme*, collection « Passages », Cerf, 1994.

Moïse Cordovero, *Pardès Rimonim* (hébreu), Éditions de Cracovie, 1632.

Galien, *œuvres médicales choisies*, 2 tomes, Gallimard, 1994.

Moshé Idel, *Maïmonide et la mystique juive*, Cerf, 1991.

Henri Laborit, *Éloge de la fuite*, Robert Laffont, 1976.

Yechayahou Leibovitz, *La foi de Maïmonide*, traduit de l'hébreu par David Banon, Cerf, 2004.

Emmanuel Levinas, *Difficile liberté*, Albin Michel, 1963.

Emmanuel Levinas, *À l'heure des nations*, Minuit, 1988.

Obadia et David Maïmonide, *Deux traités de mystique juive, Le Traité du puits, Le Guide du détachement*, collection « Les dix paroles », Verdier, 1987.

Maïmonide, *Traité d'éthique, Huit Chapitres*, traduction, présentations et notes par Rémi Brague, Desclée de Brouwer, 2001.

Maïmonide, *Lettre sur l'astrologie*, traduit de l'hébreu par René Levy, Allia, 2001.

Maïmonide, *Le traité de logique*, traduction de Rémi Brague, Desclée de Brouwer, 1996.

Maïmonide, *Le Guide des Égarés*, traduction, notes et commentaires de Salomon Munk, 3 volumes, Maisonneuve et Larose, 1866.

Maïmonide, *Le Guide des Égarés*, suivi du *Traité des huit Chapitres*, Verdier, 1983.

Maïmonide, *Épîtres*, traduction de Jean de Hulster, Paris, Verdier, 1983 ; Gallimard, 1993.

Maïmonide, *Le Livre de la connaissance*, traduction de Valentin Nikiprowetzky et André Zaoui, PUF, 1961.

Moïse Maïmonide, *Le Livre des commandements*, traduit et commenté par Anne-Marie Geller, introduction d'Emmanuel Levinas, avant-propos du Grand Rabbin Georges Vadnai, L'Âge d'Homme, 1987.

Moïse Maïmonide, *Traité des Huit Chapitres*, traduction et commentaires d'Ariel Toledano, In Press, 2021.

Juda Ibn Malka, *La consolation de l'expatrié spirituel*, traduit par Paul Fenton, précédé des commentaires du Sefer yesirah, Éditions de l'Éclat, 2008.

Maïmonide, Rachi, Rabbénou Yona, Maharal de Prague, Rabbi Hayyim de Volozhyn, *Commentaires sur le Traité des Pères*, Pirqé Avot, traduit de l'hébreu, annoté et introduit par Eric Smilévitch, Verdier, 2004

Charles Mopsik, *Chemin de la Cabale*, vingt-cinq études sur la mystique juive, Éditions de l'Éclat, 2004.

Edgar Morin, Massimo Piattelli-Palmarini, *L'unité de l'homme*, éditions du Seuil, 3 tomes, 1974.

Shlomo Pines, *La liberté de philosopher, De Maïmonide à Spinoza*, traduit par Remi Brague, Desclée de Brouwer, 1997.

Maurice Pradines, *Philosophie de la sensation : I. Les Sens du besoin*, Paris, Belles Lettres, 1932. II. Les Sens de la défense, Belles Lettres, 1934.

Betty Rojtman, *Feu noir sur feu blanc, essai sur l'herméneutique juive*, Verdier, 1986.

Hartmut Rosa, *Rendre le monde indisponible*, La Découverte, 2021.

Marc Saperstein, Decoding the Rabbis : *A Thirteenth-Century Commentary on the Aggadah*. Cambridge, Mass, and London, England, Harvard University Press, 1980.

Léo Strauss, *Maïmonide*, essais rassemblés et traduits par Rémi Brague, PUF, 1988.

Ariel Toledano, *La médecine du Talmud, au commencement des sciences modernes*, In Press, 2014.

Ariel Toledano, *Médecine et Kabbale, le pouvoir des lettres*, In Press, 2015.

Ariel Toledano, *Médecine et Bible, Portraits inédits de personnages bibliques*, In Press, 2017.

Ariel Toledano, *Médecine et Sagesse juive*, In Press, 2017.

Ariel Toledano, *La médecine de Maïmonide, Quand l'esprit guérit le corps*, In Press, 2018.

Ariel Toledano, *Réparer les corps, Réparer le monde, Huit portes pour accéder à la sagesse*, In Press, 2019.
Ariel Toledano, *La médecine de Rachi, Pour une approche humaniste du soin*, In Press, 2020.
Ariel Toledano, *Réflexions talmudiques par temps d'épidémie*, In Press, 2020.
Rabbi Hayyim de Volozhyn, *L'âme de vie*, Verdier, 1986.

Du même auteur

Guide pratique des prescriptions de rééducation, VG, 1995.
Références médicales opposables, VG, 1997
La Maladie veineuse, Estem, 1999.
Artériopathie des membres inférieurs, Estem, 2000.
Guide santé et beauté de vos jambes, Éditions du Dauphin, 2007.
Jambes légères, Marabout, 2008.
Le Régime de vos artères, Marabout, 2009.
Histoire de la phlébologie, VG, 2011.
Les Lasers vasculaires, collectif, VG, 2011.
30 jours pour avoir de belles jambes, VG, 2012.
Guide pratique de la thrombose veineuse des membres inférieurs, VG, 2012.
Médecins, un serment et des vies, collectif, Prat, 2012.
Protégez votre système cardiovasculaire, Poche - Marabout, 2013.
Quatre programmes pour jambes légères, Marabout, 2014.
La Médecine du Talmud, au commencement des sciences modernes, In Press, 2014.
Médecine et Kabbale, Le pouvoir des lettres, In Press, 2015.
Guide des certificats et autres écrits médicaux, co-écrit avec le Dr Philippe Garat, Med-Line, 2016.
Médecine et Bible, Portraits inédits de personnages bibliques, In Press, 2017.
Médecine et Sagesse juive, In Press, 2017.

30 jours pour avoir de belles jambes (édition réactualisée), In Press, 2017.
Mon Régime anti-rétention d'eau, Programme d'attaque en 14 jours, In Press, 2018.
La Médecine de Maïmonide, Quand l'esprit guérit le corps, In Press, 2018.
Guide pratique de la maladie thromboembolique, préface du Pr Ismail Elalamy, Med-Line, 2019.
Réparer les corps, réparer le monde, Huit portes pour accéder à la sagesse, In Press, 2019.
La médecine de Rachi, Pour une approche humaniste du soin, In Press, 2020.
Réflexions talmudiques par temps d'épidémie, In Press, 2020.

Traduction

Traité des Huit Chapitres, Moïse Maïmonide, In Press, 2021.

Imprimé en France par CPI Firmin-Didot
en juillet 2025
N° d'impression : 185059
Dépôt légal : février 2022